Jan Hauke Hahn

Science Fiction in der Beratung

Systemisch-kreative Methoden für Beratung, Coaching und Supervision

2. überarbeitete Auflage

2023

Über den Autor

Jan Hauke Hahn (M.A.), Jahrgang 1985, studierte Pädagogik, Europäische Ethnologie, Neuere Deutsche Literatur & Medien und Skandinavistik in Kiel und in Göteborg.

Er arbeitet in den Bereichen Jugendhilfe, Schule und in der Ausstiegs- und Distanzierungsbegleitung, und begleitet Menschen, die sich aus rechten Strukturen lösen wollen.

Zudem ist er freiberuflich als systemischer Berater und Supervisor tätig.

info@janhaukehahn.de   www.janhaukehahn.de

© 2023 Jan Hauke Hahn
Herstellung und Verlag: BoD - Books on Demand, Norderstedt
ISBN: 9783751998215

Jan Hauke Hahn

Science Fiction in der Beratung

Systemisch-kreative Methoden für Beratung, Coaching und Supervision

2. überarbeitete Auflage

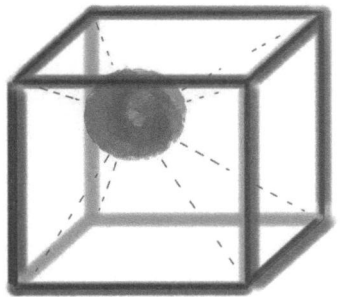

Science Fiction in der Beratung richtet sich an alle, die in Beratung, Coaching und Supervision nach modernen und spannenden Methoden suchen.

In kurzen Kaptieln bietet es schnell umsetzbare Tools für die praktische Arbeit, ergänzt durch begleitende Fragen und Beispiele aus der Praxis.

Es ist eine Einladung zum Ausprobieren und Experimentieren, um Beratungsgespräche erfrischend zu gestalten und zu einem Erlebnis werden zu lassen – eine Erweiterung für den systemischen Methodenkoffer.

Inklusive Kopiervorlagen.

Inhaltsverzeichnis

1 Einleitung

Während meiner Tätigkeiten in unterschiedlichen Feldern der Pädagogik und der sozialen Arbeit lernte ich viele unterschiedliche Stile kennen, wie Menschen miteinander reden, wie Menschen andere Menschen beraten oder auch Kontexte, in denen ich selbst beraten wurde. Einige Stile gefielen mir sehr – andere wiederum weniger. Was ich für mich sinnvoll hielt, schaute ich mir ab, alles andere habe ich vorerst verworfen. Einen besonderen Eindruck machten jedoch die Berater*innen, die mit ihrem Stil irritierten, aufweckten, witzig oder unterhaltsam waren oder kurzum: das besondere Etwas hatten.

„Seinen eigenen Stil finden – eine persönliche Note einbringen – etwas finden, wofür man brennt" - sind die Tips, die man häufig zu Ohren bekommt.

Meine persönliche Note ist die Utopie, die Science-Fiction, das Unglaubliche. Seit meiner Kindheit bin ich fasziniert von allem, was zu erträumen möglich ist, von Zeitreisen (z.B. Terminator), von künstlicher Intelligenz, von Mischwesen halb Mensch-halb Maschine, von bahnbrechenden Erfindungen, die alles verändern; von Superhelden mit ebensolchen Kräften und Fähigkeiten. Die utopischen und dystopischen Filme der 1980er- und 1990er-Jahre beflügelten meine Fantasie – wie Marty McFly aus „Zurück in die Zukunft"[1] mit der Zeitmaschine durch die Zeit reisen; kugelsicher wie Robocop[2] – halb Mensch halb Maschine – durch die Stadt laufen, ohne dass einem etwas anhaben kann; mit Batmans Super-Equipment über den Dächern Gotham Citys als dunkler Wächter unterwegs sein[3]; die Utopie des Lebens im All und die Abenteuer des Raumschiff Enterprise[4] mit ihrem Captain Jean Luc Picard, auf welchem nicht nur Menschen unterschiedlicher Hautfarben und Nationalitäten, sondern auch Außerirdische miteinander friedlich zusammenlebten und die einende

---

1   Back to future (1985-1990)

2   Robocop (1987)

3   Batman (1989) und Batman Returns (1992)

4   Star Trek: The next generation (1987-1994)

Vision ein friedliches Miteinander im Universum war, das fand ich inspirierend.

In der Science Fiction verlässt der Mensch seine Grenzen und kann das wagen zu träumen und vorzustellen, was in diesem Moment nicht möglich scheint. Der Mensch darf auch bewusst die Grenzen des Möglichen überschreiten und das denken, was zur Zeit zwar denkbar aber (noch) nicht umsetzbar ist.

Natürlich soll es in diesem Buch nicht ausschließlich um Science-Fiction in der Beratung gehen; auch andere Elemente, die einen, wenn nicht sogar zwei Blicke über den Tellerrand der 08/15-Beratung darstellen, finden hier Erwähnung. Es soll schlichtweg um erfrischende tools gehen, zu denen Sie Ihre Klient*innen einladen können.

Um das besondere Etwas in meinen persönlichen Beratungsstil zu integrieren bieten die oben genannten Dinge also die besten Vorraussetzungen. Soweit schön und gut – aber ist das Ganze sinnvoll? Meiner Meinung nach, ja!

In den Jahren meiner Beratertätigkeit konnte ich immer wieder kleine Experimente mit großen Beobachtungen machen. Meine Beobachtung ist, ebenso wie ich fasziniert und unterhalten wurde, hatte ich den Eindruck, dass viele Kund*innen die auf den ersten Blick merkwürdigen Methoden sehr zu schätzen wussten. Sie ließen sich darauf ein, konnten das Hier und Jetzt loslassen und beginnen woanders nach Lösungen zu suchen.

Natürlich sind diese Methoden nicht meine Erfindung und vor allem kein Hexenwerk. Das Grundfundament bietet der vielfältige, systemische Methodenkoffer. Einige hier vorgestellte tools sind neu (zumindest kenne ich sie noch nicht von anderer Stelle), andere sind kreative Weiterentwicklungen vorhandener, gängiger Methoden. Wiederum andere sind Abwandlungen in Kombination mit systemischen Fragetechniken gedacht. Allen gemeinsam ist der Ursprung in der Science Fiction; aus Filmen, Büchern oder auch aus der Musik. Dinge, die mich seither in diesem spannenden Genre fasziniert haben, habe ich methodisch aufbereitet und für die Praxis tauglich gemacht. Erprobt wurden sie in zahlreichen Settings von Beratungsgesprächen, Elterncoachings, Gesprächen mit Kindern sowie Supervisionssitzungen oder Seminaren.

In jedem Kapitel finden Sie sowohl *Beispiele* aus der Praxis, um die abstrakten Ideen greifbarer und anwendungsnäher zu gestalten als auch *hilfreiche Fragen*. Im systemischen Arbeiten ist die Verwendung von Fragen ein essentieller Bestandteil. Ziel ist es dabei, die persönlichen Ressourcen von Kund*innen/Klient*innen zu aktivieren und sie dabei zu unterstützen, selbstwirksam zu werden. Zu einer systemischen Grundhaltung gehört die Ansicht, dass Kund*innen jeweils Expert*innen für ihr eigenes Leben sind und Lösungen bereits in sich tragen. Berater*innen sind quasi nur Geburtshelfer*innen für diese Lösungen und bilden Raum und Rahmen für die Kund*innen.

Auf gar keinen Fall soll dieses Buch vorgeben, wie genau eine bestimmte Methode durchzuführen ist oder nicht. Erlaubt ist, was funktioniert und davon immer gerne mehr. Dieses Buch soll eine Einladung sein, neue Dinge auszuprobieren, nicht anzuhalten sondern weiterzugehen, Bewährtes nutzen und es weiterentwickeln.

Ich wünsche Ihnen viel Spaß bei der Lektüre!

Jan Hauke Hahn

P.S.: Über konstruktives Feedback freue ich mich jederzeit. Auch freue ich mich über Rückmeldungen, wie Ihnen die Methoden gefallen oder welche Varianten Sie hilfreich finden. Schreiben Sie mir gerne eine eMail.

info@janhaukehahn.de

2   Danksagung

Meine Gedanken und Ideen in Textform zu bringen und daraus ein Buch entstehen zu lassen, ist mein Anteil – alle anderen Anteile liegen außerhalb von mir, bei den Menschen, die mich inspiriert, ermutigt, ausgehalten und auf ganz unterschiedliche Arten unterstützt haben.

Zunächst Dank an Dana Brüggmann, die den täglichen Wahnsinn mit mir mit stoischer Ruhe erträgt und meine größte (konstruktive) Kritikerin und immer klar und ehrlich zu mir ist.

Meinem Ausbilder, Ludger Kühling, vom Systemischen Institut Tübingen, danke ich für die erfrischenden Impulse und Ideen, insbesondere seinen Sprücheberatungen, die mich sehr faszinierten.

Wenn es um Sprüche geht, darf ich Sebastian Nowitzki nicht vergessen. Seit etwa 25 Jahren kennen wir uns und torpedieren uns gegenseitig mit klugen (und oftmals mehr unklugen) Sprüchen, die ein gemeinsamer, roter Faden unserer Freundschaft sind. Auch er las dieses Buch, bevor es in die Druckerei damit ging.

An Volkmar Kellermann richte ich meinen Dank, für die professionelle Internetpräsenz, spannende Gespräche und konstruktives Feedback.

Mary-Ann Kellermann hat den tollen Quader für das Buch-Cover-Artwork gestaltet.

Janosik Herder, von der Hochschule Bremerhaven und Benjamin Werner von der Universität Kiel danke ich für das aufmerksame Lesen dieses Buches und wertvolle Rückmeldungen.

Ohne Tobias Prelwitz, von den Kappelner Werkstätten, der dieses Buch korrektur las und mir aufrichtiges sowie schonungsloses Feedback zu meiner Idee gab.

Lars Fischer (Instagram #justanotherpic) für die sehr schönen Fotos in diesem Buch und auf meiner Website.

Bei meinen Kolleg*innen aus unterschiedlichen Arbeitskontexten bedanke ich mich für den kollegialen Austausch über Fälle und Methoden sowie über das eine oder andere Beispiel, welches ich für dieses Buch verwenden durfte.

Für diese 2. Auflage möchte ich mich bei den Menschen bedanken, die dieses Buch kauften und Spaß, Unterhaltung und vielleicht sogar fachlichen Input und neue Ideen für sich mitnehmen konnten. Für euer Interesse an diesem Thema bedanke ich mich ganz herzlich. Nicht gerechnet habe ich mit den vielen konstruktiven Rückmeldungen zu dem Buch, die mich via Mail erreichten als auch die Menschen, die anfragten, diesen Titel für Rezensionen nutzen zu dürfen. Teilweise entstand hier ein für mich hilfreicher, fachlicher Austausch.

Nicht zuletzt gilt mein aufrichtiger Dank den Klient*innen, Kund*innen und Supervisionsteilnehmenden, mit denen ich bislang arbeiten durfte und durch die mir die Erfahrungen zugänglich wurden, welche die Grundlage dieses Buches darstellen.

Jan Hauke Hahn, Frühling 2023

Science Fiction in der Beratung

3   Science Fiction in der Beratung

Sciene Fiction in der Beratung? Jetzt spinnt er wohl total. Bevor Sie mir jedoch den Rücken zukehren, geben Sie mir einen Moment – vielleicht gelingt mir das Unmögliche.

Wenn wir heutzutage Science-Fiction-Romane, wie etwa die Romane Isaac Asimovs aus den 50er- und 60er-Jahren, lesen, stoßen wir auf viele Dinge, die im heutigen Alltag Realität geworden sind. Ob es nun Kommunikatoren sind, die kabellos kommunizieren auf denen Bilder zu sehen sind (das heutige Smartphone), Fotoapparate mit Gesichterspeicher, die automatische Türen öffnen (Face-ID, Gesichtserkennung) oder per Hand bedienbare Bildschirme (Touchscreens) sind – diese einst für unmöglich gehaltenen Dinge sind fünfzig Jahre später das Normalste auf der Welt. Aus der Welt der Vorstellung, der Fiktion haben sie den Sprung in unsere Wohnzimmer geschafft.

Wenn wir aus der Gegenwart zurückblicken auf die Vergangenheit, wirken all diese Erfindung gar nicht so spektakulär. Für Jugendliche, die mit Smartphones aufwachsen und diese intuitiv bedienen, ist es undenkbar, dass es eine Zeit ohne Smartphones gab.

Viel unvorstellbarer ist es, dass es einmal eine Zeit gab, in der man Lexikonartikel in alphabetischer Reihenfolge noch auf Zellstoffseiten druckte, in schweren Büchern zusammenfasste und diese physisch existenten Lexika ganze Regalwände einnahmen. Was für eine Verschwendung von Rohstoffen und Platz. Und was sollen wir mit den kiloweise Büchern anstellen, wenn die Artikel nicht mehr aktuell sind? Glücklicherweise ist dieses "Problem" heute durch Wikipedia und Co gelöst.

Ist es also immer noch sinnlos, sich mit Gedanken an die Zukunft zu beschäftigen? Sind unsere Visionen zukünftiger Lösungen bloße Tagträumerei? Keineswegs.

Aber wie können wir diese Visionen und Träumereien für die Beratung nutzen?

Im Folgenden möchte ich Ihnen einige Methoden vorstellen, die ich in meiner Beratertätigkeit nutze. Vielleicht kommt Ihnen das eine oder andere bekannt vor, anderes wiederum nicht. Eine Methode zu nutzen bedeutet für mich immer auch kreatives Ausprobieren und Experimentieren. Erlaubt ist, was funktioniert.

In kurze Kontexte eingebettet können die folgenden Methoden hervorragend in Beratungsgesprächen genutzt werden. Ich habe die Erfahrung gemacht, dass eine kurze, bildhafte Beschreibung der Situation vielen Kund*innen zupass kommt und das Ganze erfahrbar und greifbarer macht. Wertvolle Ergänzung kann auch das Bezugnehmen auf Sinne sein. Verwenden Sie also gerne "blumige" Beschreibungen, welche den Kontext belebt und lebendig machen.

3.1 Die Zeitmaschine I – Treffen mit dem "Zukunfts-Ich"

Stellen Sie sich vor, sie schlendern durch die Gegend, denken an nichts besonderes – plötzlich werden die Luftbewegungen unruhig, es wird schlagartig kühl und es gibt neben Ihnen einen lauten Knall, Blitze zittern umher und bilden ein Loch aus welchem – wie aus dem Nichts – ein Auto gesprungen kommt und vor Ihnen landet. Sie erkennen sofort: Das ist der Dolorian, die Zeitmaschine aus dem Film "Zurück in die Zukunft". Es dampft und ruckelt, auf einmal öffnet sich die Tür und jemand steigt aus, der Ihnen bekannt vorkommt. Es sind sie selbst! Genauer gesagt, ihr Zukunfts-Ich.

Nach ersten Momenten der Verwunderung und des Klarwerdens werden Sie neugierig und stellen Ihrem Zukunfts-Ich neugierig Fragen.

Hilfreiche Fragen

"Angenommen in der Zukunft hat alles so funktioniert, wie Sie es sich wünschen: Wie sieht Ihr Leben in der Zukunft aus?"
"Was haben Sie unternommen, damit Ihr Leben so geworden ist?"
"Wie fühlt es sich für Sie in der Zukunft an?"
"Wie denken Ihre Kinder/Eltern/Partner über Sie?"
"Was sagen Ihre Kinder/Eltern/Partner zu Ihnen?"
"Wie sieht Ihr Verhältis zur folgenden Person in der Zukunft aus?"
"Worauf sollten Sie in der Zwischenzeit achten?"
"Was sollten Sie genauso weitermachen, was sollten Sie eher vermeiden?"
„Von welchen weiteren Möglichkeiten berichtet dein Zukunfts-Ich ansosnten noch?"
„Welche drei wertvollen Tips gibt Ihr Zukunfts-Ich Ihnen für die kommende Zeit?"
"Wie haben Sie es geschafft, diese Belastungen und Herausforderungen zu meistern?"
"Wer oder was hat Sie durch diese Zeit begleitet?"
"... und so weiter ..."

Wozu ist das Ganze nun gut? Inwiefern kann die Methode mit der Zeitmaschine hilfreich sein?

Vielen Menschen fällt es nicht leicht über sich zu reden. Noch schwieriger wird dies, wenn es um das Meistern von Herausforderungen geht. Wer gibt schon gerne zu, überfordert oder momentan ratlos zu sein?

Mit dieser Methode kann auf spielerische Art ein Perspektivwechsel vorgenommen werden. Die beratungsnehmende Person muss nicht direkt von sich selbst sprechen, sondern nimmt die Position eines fiktiven Ichs ein. In der Regel fällt es Klient*innen leichter, von außen auf sich zu blicken.

Einerseits aktivieren Sie mit dieser Methode "das Kind im Menschen" – Kindern fällt es in der Regel leichter, losgelöst zu träumen; Erwachsene haben dies oft verlernt – indem sie Ihren Kunden in eine fast vergessene Welt der Kindheit mitnehmen, in welcher Träume und Visionen erlaubt sind. Andererseits muss ihr Kunde nicht über sich reden, sondern kann die Perspektive einer fiktiven Zukunftsgestalt annehmen. Das Elegante daran ist, dass diese Zukunftsgestalt der Kunde selbst ist, nur als spätere Version von sich. Erarbeitete Lösungen sind somit für Kund*innen naheliegend.

Der Gedanke ist der erste Schritt zur Lösung. In dieser Methode können Kund*innen dabei begleitet werden konstruktive Gedanken zu entwickeln. Als Berater*in begleiten Sie ihre Kund*innen am besten, wenn Sie den Fokus ihrer Fragen immer wieder auf erbauliches, konstruktives, lösungs- und ressourcenorientiertes legen. Gegebenenfalles stellen Sie auch Nachfragen ausgehend von diesem Fokus. Viele Menschen tendieren dazu, zunächst den Blick auf Defizite oder Gründe in der Vergangenheit zu legen. Zwar haben diese Sichtweisen auch ihre Berechtigung – um einen Pfad der Lösung einzuschlagen, sind sie jedoch wenig hilfreich. Der Blick nach vorn muss erst einmal geübt werden.

Beispiel 1

Danny (15) befand sich am Anfang der letzten Klasse seines letzten Schuljahres. Sein Vater war der Meinung, er solle einen handwerklichen Beruf erlernen. Um einen Ausbildungsplatz zu bekommen, müsse Danny aber gute Noten haben. In der Schule war Danny nicht sehr motiviert, mit den guten Noten klappte es nicht so richtig. Zudem war er meist sehr zurückhaltend und redete nicht viel.

Im Gespräch wollte ich von Danny wissen, was er möge und wozu er überhaupt Lust hätte – ohne es in Verbindung mit Schule, Zeugnis oder Ausbildung zu bringen. Danny sagte mir, er koche gerne. Wenn er die Wochenenden bei seiner Großmutter verbringe, bringe sie ihm viel in der Küche bei. Er liebe es

Essen für seine Geschwister zu kochen und auch mal seine eigenen Kreationen auszuprobieren. Während er vom Kochen erzählte, wirkte er nicht mehr wie gewohnt zurückhaltend, sondern redete begeistert und strahlte im Gesicht. Da ich bereits wusste, dass er ebenfalls eine Affinität zu Science-Fiction-Filmen hatte und es spannend fand über Zeitreisen nachzudenken, fragte ich ihn folgendes:

Stelle Dir vor, Du bist unterwegs und denkst an nichts besonderes. Plötzlich kommt die Zeitmaschine aus "Back to future" vor Dir zum Stehen und DU steigst aus – allerdings in einer zukünftigen Version – dein "Future Danny", der aus einer Zeit 10 Jahre später kommt. Was würde er Dir erzählen? Wozu hat er sich entschieden? Wie sieht sein Leben in 10 Jahren aus? Was hat er unternommen, um dorthin zu kommen? Welche Schritte waren notwendig? Was nimmst Du noch wahr? Wie riecht es in Deiner Zukunft?

Danny überlegte kurz und fing an zu erzählen. Sein Zukunfts-Danny hatte sich für eine Kochausbildung entschieden. Er beschrieb sehr detailliert von SEINEM Restaurant, welche Gerichte er dort zubereite, wie mit Gästen umgegangen wird, wie es dort aussieht, wonach es in der Küche riecht, usw. Offenbar hatte er sich zu diesem Thema schon viele Gedanken gemacht und hatte viel zu sagen. Auf einmal wirkte er motiviert und hatte wenig später eine Entscheidung getroffen. In der Schule wurden seine Leistungen allmählich besser.

Beispiel 2

Thomas (38) ist Lehrer an einer Schule und eigentlich mit seinem Job zufrieden. Er bezeichnet seine Tätigkeit als sinnvoll und identifiziert sich in hohem Maße mit seinem Beruf. Seit einiger Zeit macht er sich jedoch Gedanken über seine Zukunft und fragt sich, ob er auch in 10 Jahren und darüber hinaus noch Lust auf seinem Job hat. Er könne es noch eine Weile machen, brauche aber irgendwann eine neue Herausforderung, mache sich aber parallel Gedanken über seine Familie in Hinblick auf Zeitverbringen.
Wenige Zeit später bekam er die Möglichkeit in die Schulleitung zu wechseln und die Führung der Schule zu übernehmen. Dazu müsse er bis zu einem bestimmten Zeitpunkt eine Bewerbung abgeben.
Im zweiten Beratungstermin stellte ich ihm die Zeitmaschinenfrage; ergänzend zum oben genannten Beispiel sollte er zwei "Zukunfts-Ichs" treffen – einerseits das Ich mit der Entscheidung FÜR die Schulleitung; andererseits das Ich, welches sich GEGEN die Schulleitung entschieden haben würde.
Während seiner Erzählung war ein spannender Unterschied zwischen beiden Schilderungen zu beobachten: Während das GEGEN-Ich von geregeltem Einkommen, Zeit für Familie und normale Aufs und Abs des Lebens mit fast lustloser Gestik und Mimik berichtete, wirkte das FÜR-Ich völlig gegenteilig. Hier wirkte er glücklich, sprach von den Herausforderungen und Aufgaben, die mit der neuen Rolle einhergehen würden, sprach von Fortbildungen, für die er sich interessiere. Der bittere Beigeschmack wäre, dass er glaube, weniger Zeit für seine Familie zu haben. Mit "Familie" lieferte er das Stichwort für die weitere Frage: Stelle Dir vor, Du unterhälst dich mit deinem Zukunfts-Sohn – wieder jeweils mit der Entscheidung FÜR und einmal GEGEN, was würden Sie jeweils erzählen. Thomas hielt kurz inne und antwortete dann: Eigentlich hat er das dann heute schon für mich entschieden. Als ich neulich mit ihm darüber sprach, was ich momentan in der Schule mache – gelegentlich übernehme ich Vertretungsaufgaben für die derzeitige Schulleitung – fragte mein heute noch kleiner Sohn: Papa, dann bist Du ja kurz der Chef, oder? Thomas: Ja. Sohn: Das finde ich cool.

Thomas sagte mir im nächsten Gespräch, dass er am gleichen Abend noch klar darüber wurde, sich FÜR die Stelle zu bewerben. Er habe lange überlegt, ob die Lust auf neue Verantwortung und Herausforderungen als Grund genüge. Nachdem er merkte, sein Sohn würde stolz auf seinen Vater sein, war die Entscheidung für ihn klar.

Beispiel 3

Lukas (11) betreute ich im Rahmen von Jugendhilfe. Nachdem er innerhalb kurzer Zeit beide Großeltern verlor, hatte er Angst alleine in seinem Bett zu schlafen und suchte in der Nacht stets die Nähe seiner Mutter. Ohne sie könne er nicht einschlafen. In einem halben Jahr würde eine Klassenfahrt anstehen, spätestens dann wäre es gut für Lukas, wonanders übernachten zu können.

Dieses Verhalten zog sich über mehrere Monate und unterschiedliche Schritte wurden unternommen, dass er lerne in seinem Bett zu schlafen: Zunächst wurde es liebevoll für ihn eingerichtet, er durfte sich Farben für die Wand aussuchen; er bekam eine Hängematte für sein Zimmer um dort zu liegen und (hoffentlich) einzuschlafen; tagsüber machte er dort Mittagsschlaf und sollte sich daran gewöhnen. Leider klappte es nicht nachhaltig.

Während eines Termines sprachen wir über die Klassenfahrt. Als Lukas merkte, dass ich mit ihm darüber reden möchte, teilte mir er mir mit, er hätte keine Lust darüber zu reden, er sei müde. Diese Reaktion zeigte er häufig, wenn Erwachsene mit ihm darüber reden wollten. Es musste also etwas Aufweckendes her.

Ich begann die Geschichte von einer Zeitmaschine zu erzählen, die unerwartet auftaucht, holte weit aus und beschrieb es möglichst spannend, damit der junge Mann mir nicht gleich einschlief. Und es funktionierte, er lies sich darauf ein.

Natürlich stieg aus der Zeitmaschine sein Zukunfts-Ich aus, den ich „Future-Luki" nannte. Zunächst sollte der Gegenwarts-Lukas mir erzählen, wie Future-Luki aussieht. Er würde auf jeden Fall „cool" aussehen und hätte „sooo eine Frisur" und zeigte es mir mithilfe seiner Hände. Es ging weiter ans Eingemachte. Ich: Future-Luki erzählt Dir, er habe irgendwie geschafft mit auf Klassenfahrt zu kommen, was hat er unternommen? Lukas: Er hat es vorher geübt. Ich: Wie hat er das genau gemacht? Lukas: Er hat bei seinem Freund aus der Klasse geschlafen. Ich: Wie hat das denn funktioniert? Lukas: Der wohnt in der Nähe. Wenn es nicht klappt, könnte er schnell nach Hause gehen. Ist ja nicht weit. Ich: Und was hat er da erlebt? Lukas: Er konnte mit seinem Freund die ganze Nacht Handy spielen und Fernsehen gucken, hahaha! Ich: Oh, das klingt ja ganz nach einer coolen Übernachtungs-Party... Was sagt denn der Freund dazu, dass Luki bei ihm schlief? Lukas: Der findet das toll, weil das ja vorher nicht ging. Ich: Und was geht jetzt noch alles dadurch? Lukas: Er kann jetzt nach Amerika fliegen und überall auf die Welt und kann sich Auto-Rennstrecken (Lukas ist ein Formel 1-Fan) in echt angucken. Ich: Wow, dann kann er ja jetzt ganz viel neues tun.
Lukas war anzusehen, dass er in diesem Augenblick gelöst war vom Frust, den er ansonsten mit dem Dauerthema verband. Kurze Zeit später unternahm er die ersten Versuche, bei seinem Freund zu übernachten und trainierte für die Klassenfahrt.

Bei Anwendung dieser Methode habe ich die Erfahrung gemacht, dass die zusätzliche Einbeziehung unterschiedlicher Wahrnehmungskanäle (sensorisch, auditiv, olfaktorisch, visuell, etc.) eine Ergänzung für Beratungsnehmende sein kann. Es kann hilfreich sein, sich vorzustellen, wie es sich anfühlt oder riecht, wenn der gewünschte Zustand in der Zukunft anvisiert wird. Ist ein Gefühl einbezogen, ist das Ziel in greifbarer Nähe, man kann es förmlich riechen, spüren oder fühlen. Gedanken in Kombination mit Gefühlen motivieren uns oft mehr als eine rein sprachlich-sachliche Ebene. Ermutigen Sie ihre Klient*innen gerne dazu weitere Kanäle der Wahrnehmung zu nutzen. Sicher ist dies nicht für alle Beratungsnehmenden eine geeignete Ergänzung. Versuchen Sie also einzuschätzen, inwiefern ihre Klient*innen offen für diese Erweiterung sind. Bei der Einschätzung ihrer Klient*innen können Kenntnisse aus dem NLP für Sie hilfreich sein. So kann die Verwendung bestimmter Vokabeln in einer relativen Häufigkeit ein Indiz dafür sein, ob jemand eher auditiv (z.b. *„Das klingt gut."; „Mir ist zu Ohren gekommen..."; etc.)* oder sensorisch (*„Das fühlt sich gut an."; „Ich kriege Gänsehaut."; „Ich habe dabei ein komisches Gefühl."; etc.)* orientiert ist.

Eine weitere Kombinationsmöglichkeit mit der Zeitmaschine ist die zirkuläre Frage. In diesem Falle trifft man nicht sein eigenes Zukunft-Ich, sondern jemanden aus dem eigenen Umfeld.

Beispiel 4

Im Kontext eines Elterncoachings nutze ich die Methode der Zeitmaschine in Kombination mit zirkulären Fragen. Die Eltern sollten sich vorstellen, sie würden ihr Kind in der Zeitmaschine treffen, jedoch 15 Jahre älter. Sie bekamen die weiteren Aufträge: Beschreibe mir bitte, was Dein Kind Dir aus der Zukunft erzählt? In welcher Lebensphase befindet es sich? Was ist ihm da wichtig? Wofür möchte es sich bei Dir, als Elternteil bedanken? Wo würde es sagen, dieses oder jenes hätte ich mir von Dir, Mama/Papa, anders gewünscht? Die anwesenden Mütter (in diesem Fall) nannten nach kurzen Startherausforderungen viele unterschiedliche Dinge und konnten sich dann gegenseitig darüber austauschen, was an konkreten Dingen für (ihre) Kinder wichtig ist, reflektierten ihr eigenes Erziehungsverhalten und gaben sich

Es muss also nicht immer das eigene Alter-Ego sein, welches man in der Zukunftsversion trifft, es kann durchaus jemand aus dem zirkulären Umfeld sein. Gerade, wenn diese außenstehende Person im Zentrum der Bemühungen steht (wie beispielsweise das eigene Kind, Partner*innen, Familienmitglieder, Arbeitskolleg*innen, etc.), ist die Variation um eine zirkuläre Erweiterung sinnvoll.

3.2 Briefe in die Vergangenheit

In Herbert Rosendorfers Roman „Briefe in die chinesische Vergangenheit" (1983) reist ein chinesischer Mandarin aus dem 10. Jahrhundert in das München der 1980er-Jahre. Mittels einer Zeitmaschine kann er per Brief mit der Vergangenheit korrespondieren und schildert auf naive und deshalb vergnügliche Weise seine Eindrücke.

Ich genoss die Lektüre des Buches und war gespannt auf jeden Brief des Mandarins, die er einem Vertrauten in der Vergangenheit schrieb, mitsamt seinen Bewertungen, Zuschreibungen und Interpretationen der Erlebnisse aufgrund seines eigenen Erfahrungshorizontes eines Menschen aus dem chinesischen 10. Jahrhundert. Beispielsweise berichtet er von der Beobachtung religiöser Riten; die Menschen von heute seien vermutlich sehr gottesfürchtig und scheinen bedacht darauf, ihren Göttern Opfer zu bringen. Immerhin huldigen sie den Göttern zu jeder Gelegenheit mit Brandopfern[5], kleinen brennenden Fackeln, die sie dem Gesicht gefährlich nahe halten. Gemeint sind Zigaretten-rauchende Münchener der 1980er-Jahre. Diese und ähnlich unterhaltsame aber auch zum Nachdenken anregende Schilderungen kommen in dem Buch vor.

---

5   Vgl. Rosendorfer, 1991

Briefe zu schreiben bedeutet, anders als eine verbale Formulierung, bedachter mit der Wortwahl umzugehen, sich innerlich zu strukturieren und Textinhalte in eine sinnvolle Reihenfolge zu bringen. Insofern kann die Auseinandersetzung mit einem schriftlichen Text intensiver sein, als die Formulierung lediglich gesprochenen Textes. Der Protagonist in Rosendorfers Buch schildert seine Erlebnisse nachdem er sie zunächst erlebte, dann darüber nachdachte, sie anhand seiner subjektiven Kategorien einordnete und damit bewertete – dann schrieb er einen Brief und schickte ihn los. Das spannende ist, dass er zu einem Zeitpunkt auf die Idee kommt, danach zu fragen, was eigentlich aus seinem Land, seiner Herkunftskultur und der damaligen Dynastie geworden ist. Davon will ich nichts vorwegnehmen, hier soll es darum gehen, ob und wie eine Verwendbarkeit für Beratungskontexte hergestellt werden kann.

Natürlich kennen wir - anders als der chinesische Madarin – die Zukunft, welche uns bevorsteht, nicht. Das Gute daran ist jedoch, dass wir noch hoffen können und unseren Weg selbst beeinflussen können.

Stellen wir uns also uns selbst in einer Zukunft vor, die optimal und ganz nach unseren Vorstellungen laufen wird – oder vielmehr: gelaufen sein wird. Was müssten wir schon heute unternehmen, damit wir unserem Wunsch oder Ziel näher kommen? Welche Dinge unternehmen wir heute, die unserem Vorhaben im Wege stehen? Nutzen wir also den *Wissensvorsprung* aus unserer eigenen Zukunft und geben uns selbst hilfreiche Tips, um unsere Ziele zu erreichen, Herausforderungen zu bestehen oder unsere Entscheidungen zu treffen.

Das Spannende ist, dass der Blick aus der Zukunft Szenarien enthält, die möglich sind. Sind sie erst einmal gedacht, ist die Wahrscheinlichkeit der Umsetzbarkeit umso höher.

Das Ent-Spannende ist, dass wir ebenfalls die Möglichkeit haben eine fiktive Entscheidung zu treffen oder uns Wege zu überlegen, wie es zukünftig aussehen könnte, ohne dass wir dabei wirklichen Schaden nehmen. Es ist also durchaus denkbar, absichtlich und aus Gründen der Neugier eine falsche Entscheidung zu treffen und durchzuspielen, was es für spürbare Auswirkungen zu einem Zeitpunkt in der Zukunft haben könnte.

Befindet man sich erst einmal in dem Gedankenexperiment und berichtet ausführlich aus der Zukunft, ist der größte Teil des Weges bereits absolviert.

Beeinflussen können wir ausschließlich unser eigenes Handeln. Sicherlich hat unser eigenes Verhalten Auswirkungen darauf, wie unsere Umwelt auf uns reagiert. Wir können jedoch nicht erwarten, dass unsere Umwelt so reagiert, wie wir es erwarten. Insofern müssen wir uns damit zufrieden geben, uns auf unser eigenes Handeln zu beschränken. Die Wahrscheinlichkeit, dass wir so handeln wie wir es wollen ist nun mal am größten. Ich spreche ganz bewusst von Wahrscheinlichkeit, da vermutlich die meisten es kennen, wenn man manchmal, trotz aller Willenskraft, selbst nicht so agiert, wie man es selbst von sich will. Aber das ist ein anderes Thema.

Das eigene Handeln ist also am ehesten beeinflussbar und hat die größten Auswirkungen für uns selbst und damit für unsere Zukunft. Aus Sicht der erfolgreichen Zukunft wäre es doch dann vorteilhaft, wenn wir uns selbst Tips in die Vergangenheit schicken, die uns dabei helfen, unsere Ziele zu erreichen. Diesen Brief könnten wir uns immer wieder vor Augen führen, wenn wir etwa kurzzeitig unsere Ziele oder Lösungswege vergessen haben.

Schließlich schreiben wir einen Brief in die Vergangenheit, der sowohl:

- Hinweise zur Erreichung unserer Ziele enthält,

- klar sagt, was unterlassen werden muss,

- benennt, was bereits zielführend ist

- und in Aussicht stellt, wie es sich in der Welt lebt, in welcher wir unser Ziel erreicht haben.

Diese vier Schritte sollten in einem Brief an sich selbst enthalten sein. Allem voran sollte definiert werden, welchem Ziel die darunter genannten Punkte dienen. Sinnvoll ist zudem die Nennung konkreter Zeitpunkte, bis wann bestimmte Dinge in welcher Reihenfolge unternommen werden müssen, sofern es eine Rolle für die Zielerreichung spielt.

Eine vereinfachte, verkürzte Form könnte auch ein Arbeitsblatt sein. Im Gegensatz zum Brief kann hier Zeit gespart werden. Zudem ist es kompakter und übersichtlicher.

Auf der folgenden Seite finden Sie einen Vorschlag für ein mögliches Arbeitsblatt für die Arbeit mit Klient*innen.

ZIEL:

Was können Sie heute Ihrem Ziel zuträgliches tun?

Was sollten Sie unterlassen?

Was tun Sie bereits im Hinblick auf das Ziel?

Angenommen, Sie bekommen einen Brief mit dem erreichten Ziel. Wie sieht es in dieser Zukunft aus? Wie wird sie beschrieben?

3.3 Die Zeitmaschine II – Verändern Sie die Realität

In Asimovs Roman *"Das Ende der Ewigkeit"* gibt es zeitreisende Beobachter, welche die Jahrhunderte betrachten und zum Wohle der Menschheit in einzelne Jahrhunderte reisen, um kleine Korrekturen vorzunehmen, die große Veränderungen für die Menschheit nach sich ziehen – dies alles mit dem Ziel, der Menschheit Leid und Misere zu ersparen. Leider bewahren sie damit die Menschen auch vor wichtigen Erfahrungen.

Die Vorstellung noch einmal alles anders zu machen, wenn wir nur die Zeit zurückdrehen könnten, kennt vermutlich jeder. Doch hat es für jeden unterschiedliches Gewicht. Während die einen aus Fehlern der Vergangenheit lernen und nach vorne schauen, verlieren sich andere in bleischwere Gedanken daran, was hätte alles anders werden können, hätte man zu einem früheren Zeitpunkt anders gehandelt.

"Aus Fehlern lernt man!" lautet eine gängige Weißheit. Es klingt zunächst banal danach zu fragen, was man aus Fehlern gelernt hat. Tatsächlich bieten Erfahrungen, positiv wie negativ, Menschen die Möglichkeit zu lernen. Das Laufen-Lernen ist ein sehr gutes Beispiel dafür. Während ein Kind laufen lernt, fällt es immer wieder hin. Mit der Zeit verändert sich jedoch durch ständiges Wiederholen die Muskulatur und auch die Idee davon, wie Laufen funktioniert. Bis es schlussendlich irgendwann funktioniert, hat man eine Menge *trial and error* hinter sich. Doch der Aufwand hat sich gelohnt – das Kind hat nun die Möglichkeit selbständig den Ort zu wechseln, kann längere Distanzen zurücklegen und hat durch das Stehen eine andere Perspektive auf die Welt, die es nun ganz anders kennenlernen kann.

Könnte man allein von der Weisheit *"Aus Fehlern lernt man!"* ausgehen, wäre ein Beratungsgespräch nach kurzer Zeit beendet und man könnte Kund*innen sich selbst überlassen. *Vielmehr kommt es darauf an, wie man fragt.*

Systemisch Berater*innen sind Profis für Fragen und können akribisch lösungs- und ressourcenorientiert Fragen stellen und Klient*innen bei der Entfaltung ihres persönlichen Potentials unterstützen. Somit kann auch der Blick für das Positive an bislang als negativ empfundenen Erfahrungen der Vergangenheit geschärft werden. Die bisher negativ bewerteten Erfahrungen werden in einen neuen Kontext gesetzt und erhalten einen neuen Bezugsrahmen.

Hilfreiche Fragen

"Zu welchen positiven Dinge hat Ihnen Ihr damaliges Handeln verholfen?"
"Was hat Ihnen Ihre damalige Entscheidung ermöglicht?"
"Welche lehrreichen Erfahrungen hätten Sie nicht gemacht, hätten Sie damals anders gehandelt?"
"In welchen Situationen haben Sie mithilfe des Wissens von damals später klüger gehandelt?"
"Welche nützlichen und konkreten Tips können Sie aufgrund Ihrer Entscheidung heute anderen geben?"
"Welchen positiven Einfluss hat Ihr früheres Handeln auf die Gegenwart?"
"... und so weiter ..."

Beispiel

Rolf (43) hatte bereits mehrere Beratungssitzungen bei mir hinter sich. Er überlegte, seinen Job zu wechseln. Da er einen hohen Anspruch an sich hatte, wollte er seine Arbeit perfekt machen. Der Nebeneffekt war, dass er vieles, was ihn in seinem Beruf beschäftigte mit nach Hause nahm und nie den Kopf frei bekam. Im Laufe der Beratung beschloss Rolf dann eine pädagogische Teilzeitstelle zu kündigen und in einem Berufsfeld zu arbeiten, wo er nicht denken, sondern nur "funktionieren" müsse.
*Nachdem er etwa zwei Monate dort arbeitete meldete er sich wieder und bat um ein Gespräch. Mittlerweile sei er nicht mehr dort beschäftigt. Die Arbeit sei okay gewesen, doch spürte er den Druck der Vorgesetzten, die ihm vorwarfen zu langsam zu arbeiten. Zudem gefalle ihm die Grundstimmung im Betrieb nicht. Wenn er dort schneller arbeite, würden Kolleg*innen darauf hinweisen, er solle langsamer arbeiten, da man "da oben" sonst merke, dass man auch schneller sein könnte. Dadurch empfand er einen sozialen Druck, der ihm unangenehm war. Darüber hinaus kam er eines Tages mit einem Vorgesetzten in Konflikt, da dieser sich Rolf gegenüber geringschätzig äußerte. In diesem Moment sei ihm alles egal gewesen, er kündigte unmittelbar. Er habe "keinen Bock mehr auf so eine Scheiße in so einem menschenverachtenden System"*

und unterstrich seine Haltung mit einem entschlossenen "Nie wieder!" Er bereue seine Entscheidung es gemacht zu haben. Nachdem Rolf sich Luft gemacht hatte fragte ich ihn, was ihm die Entscheidung dort zu arbeiten ermöglicht habe. Nach einem herzhaften Lachen sagte er mir, dass er lange mit der Entscheidung gerungen habe, diesen Job zu machen. Jetzt wisse er quasi von einem auf den anderen Moment, dass er genau so etwas nie wieder machen wolle. Ich: Welche lehrreichen Erfahrungen hättest Du nicht gemacht, hättest Du dort nicht gearbeitet? Rolf: Vermutlich hätte ich es nie herausgefunden, wie es ist. Stattdessen hätte ich wohl immer daran gedacht, wie es vielleicht sein könnte und hätte mich darüber geärgert, dass ich mich nicht traue es einmal zu wagen. Ich: Welche positiven Auswirkungen hat Deine Entscheidung für die Gegenwart? Rolf: Naja, ich sehe meinen anderen Job jetzt mit anderen Augen. Was ich da tue ist sinnvoll. Jeden Tag helfe ich Menschen und bekomme sofort eine ehrliche Reaktion. Mein kleiner Ausflug war lehrreich, aber jetzt weiß ich, dass ich hier hingehöre und so etwas nie wieder machen will. Ein paar Wochen später erzählte mir Rolf, dass er zwischenzeitlich die Möglichkeit bekommen hatte, Stunden aufzustocken und nun eine Tätigkeit, bei seinem Arbeitgeber bekommen habe, wo er sich ausprobieren könne. Er sei sehr dankbar für das Vertrauen, was ihm der Arbeitgeber entgegenbringe.

3.4 Die Zeitkapsel – Die Vergangenheit anders kennenlernen

Zeitkapseln werden an sicheren Orten deponiert, um künftigen Generationen einen Einblick zu geben, wie das Leben zu einem vorherigen Zeitpunkt einmal gewesen ist. Sie werden entweder zufällig gefunden (z.b. durch Renovierungen an Gebäuden, die einen unerwarteten Fund ermöglichen) oder haben einen vorgegebenen Zeitpunkt, wann sie geöffnet werden sollen. Die Kapseln können unterschiedliche Dinge enthalten. So kann von Meteoritensplitter, über Alltagsgegenstände bis zum Tagebuch oder Dokument alles enthalten sein, was für wichtig oder spannend gesehen wird.

Wie bereits erwähnt, kann zu einem späteren Zeitpunkt ein Einblick davon entstehen, wie es in der Vergangenheit einmal gewesen sein könnte. Zeitkapseln können somit hilfreich sein, wenn später einmal über die Vergangenheit geforscht wird und trägt dazu bei, die Vergangenheit zu verstehen.

Das methodische Arbeiten mit einer Zeitkapsel kann hilfreich sein in Situationen, in denen Menschen vor eine Vielzahl subjektiv wahrgenommener Probleme stehen. Wenn es von allen Seiten kommt und man das Gefühl hat unter dem Dauerbeschuss von Problemen zu stehen, ist es hilfreich den Fokus wieder auf Positives zu lenken – seien es noch so kleine oder banale Dinge.

Hilfreiche Fragen

"Was war, trotz aller Umstände, gut?"
„Welche bewahrenswerten Dinge würden Sie in die Zeitkapsel packen, damit die Nachwelt sie von Ihnen lernen kann?"
"Welche positiven Dinge gab es in dieser Zeit?"
"Welche Kleinigkeiten sind Ihnen dennoch während dieser Zeit gelungen?"
"Was ist unvorhergesehen passiert und hat sie positiv überrascht?"
"Was hat Ihnen dabei geholfen, die kleinen schönen Dinge weiter zu machen?"
„... und so weiter ..."

Die oben genannten Fragen können helfen, retrospektivisch zu forschen und im Beratungsgespräch über Fragen in der Vergangenheit nach positiven Dingen zu schürfen.

Die nun folgenden Fragen sind nützliche Vorschläge für die Arbeit mit physisch existierenden Zeitkapseln. Dazu kann ein Gefäß hilfreich sein, welches über einen vereinbarten Zeitraum Zettel mit Fragen oder Aufträgen beinhalten kann, um dann zu einem späteren Zeitpunkt einen Überblick zu gewinnen, was beispielsweise in einer schweren Phase des Lebens dennoch positiv war.

Hilfreiche Fragen für die Zeitkapsel

"Was ist Ihnen heute gelungen?"

"Wofür sind Sie heute dankbar?"

"Über welche Kleinigkeit haben Sie sich heute gefreut? "

"Über welchen Menschen haben Sie sich heute gefreut?"

"Für welchen schönen Moment haben Sie sich heute Zeit genommen?"

"Was hat Ihnen heute lecker geschmeckt?"

"Worauf haben Sie sich heute gefreut?"

„... und so weiter ..."

Beispiel

Sabrina (43) befand sich in einer sehr schweren Zeit ihres Lebens. Einerseits war sie gesundheitlich angeschlagen, musste häufig zum Arzt. Andererseits hatte sie gerade große Sorgen mit ihrem Sohn, der sie unter Drogeneinfluss zusammengeschlagen und ihr nachhaltig körperlichen Schaden zugefügt hatte. Zu allem Überfluss starb inmitten dieser Gemengelage ein sehr enger Freund, den sie aus Kindheitstagen kannte. Während dieser Zeit litt Sabrina an einer Depression. Glücklicherweise nutzte sie Hilfsangebote und kam schnell zu der Entscheidung, sich in unterschiedliche Hilfen und Unterstützungsangebote zu begeben.

Während der Termine mit Sabrina erzählte sie sehr viel von ihren Sorgen um ihren Sohn, sprach viel über die vielen Schmerzen und Einschränkungen, unter denen sie litt und beschäftigte sich im Kopf sehr mit dem frühen Ableben ihres Freundes. Licht am Ende dieses Tunnels schien es für sie nicht zu geben. Erwärmende Gedanken waren für sie – im wahrsten Sinne des Wortes - momentan nicht denkbar.

Ich lud sie zu einem Experiment ein. Sie sollte eine Zeitkapsel während dieser schweren Zeit verwahren. Dazu bekam sie ein großes Glasgefäß mit einem Deckel zum Zuschrauben sowie 70 kleine Zettel in bunten Farben. Auf letzteren standen unterschiedliche Fragen, wie etwa "Was hat Dir heute besonders gut geschmeckt?" oder "Was ist Dir heute gut gelungen?". Jeden Tag sollte sie einen Zettel ziehen und diesen dann einwerfen. Bei Bedarf könne sie natürlich auch mehrere einwerfen. Sobald die Zettel aufgebraucht sind, würden wir die folgende Sitzung dafür verwenden, die Zeitkapsel zu öffnen und nachschauen, welche positiven Momente Sabrina erlebte, trotz aller Schwere, die sie umgab.

Als alle Zettel aufgebraucht waren, informierte sie mich und wir trafen uns, um nachzuschauen. Gut gelaunt erzählte Sabrina mir, dass sie fast jeden Tag etwas aufschrieb; an einigen Tagen tatsächlich sogar mehr. Schelmisch grinsend erzählte sie, sie habe bereits zwischendurch schonmal hineingeschaut und die Zettel gelesen. Es habe ihr gut getan. Ob dies erlaubt sei, fragte sie mich. Ich: Erlaubt ist es, wenn es Dir gut tut!

Weiter erzählte sie mir, dass es für sie eine persönliche Challenge gewesen sei. So suchte sie sich extra schöne Dinge für den Tag aus, die sie aufschreiben konnte. Auch überlegte sie immer wieder, was eigentlich das Schönste an diesem Tag gewesen sei. Eines Tages ertappte sie sich, wie sie daran dachte, dass sie gerade eine schwere Zeit habe und dennoch nach vorne schaue. Als wir das Gefäß zusammen öffneten, erinnerte sie sich an die vielen Kleinigkeiten, die das Leben für sie lebenswert machen. Sie las einige vor und brach danach in Tränen aus. Als ich vorsichtig nachfragte, sagte sie mir, ich solle mir keine Sorgen machen. Ihr verstorbener Schulfreund sei ein sehr positver Mensch gewesen und wolle sicherlich, dass es ihr gut gehe und das Leben genieße.

3.5 Erfindungen – Machen Sie die Welt besser

Zu meiner Schulzeit erzählte unser Wirtschaft/Politik-Lehrer – nennen wir ihn Herr Müller – in nahezu jeder Klasse eine Anekdote, die bald alle auf der Schule kannten: Herr Müller hatte während seines Lehramtstudiums ein Problem. Er war ein großer Fan der Western-Serie *Bonanza*. Am liebsten hätte er keine Folge verpasst. Leider machte ihm sein Studium einen Strich durch die Rechnung. Gerade zur Sendezeit der beliebten Serie saß er im Seminar in der Universität. Während er den Dozierenden zuhörte dachte er: *"Es müsste irgendetwas geben, was die Serie aufzeichnet, sodass ich sie einfach später zuhause anschauen kann..."*

Wenige Jahre später, etwa Mitte der 1970er-Jahre kamen die ersten Videorecorder für den Hausgebrauch in Europa auf den Markt. Die Geräte ermöglichten Mitschnitte des TV-Programms auf eine Magnetband-Kasette. Zwar hatte Herr Müller oft an eine derartige Erfindung gedacht, sie leider jedoch nicht erfunden. Vermutlich wäre er dadurch reich geworden. In der Schule erzählte er dennoch, er habe die Idee für den Videorecorder gehabt.

Erfindungen, die das Leben und vor allem die Arbeit erleichtern gibt es zuhauf, sonst wäre die Menschheit heute nicht da wo sie ist. Von der Erfindung und der Nutzung des Feuers über die Dampfmaschine, über den Computer, bis hin zu hochspezialisierter Medizintechnik – theoretisch müsste alles immer leichter gehen, theoretisch müssten wir nicht mehr so lange arbeiten, um das gleiche Ergebnis zu erzielen. In nahezu allen Bereichen des Lebens haben Erfindungen und Ideen dazu beigetragen, dass Dinge erleichtert werden.

Was wäre, wenn wir heute etwas erfinden könnten, was unseren Alltag erleichtert?

Das Tolle an Erfindungen ist, dass sie Lösungen für ein Problem oder eine Erleichterung für den Alltag darstellen. Um ein Problem zu lösen sind in der Regel Schritte notwendig, die zunächst Überlegen und dann Handlungsschritte implizieren. Wenn also eine Erfindung entsteht, verlagert sich der Fokus vom Problem auf die Lösung. Dies ermöglicht wieder Flexibilität und Bewegung. Der Blick wird wieder frei für konstruktive Ideen und schaut nicht mehr primär in den umgangssprachlichen „Wald vor lauter Bäumen".

Hilfreiche Fragen

"Was müsste Ihre Erfindung können, um Ihnen behilflich zu sein?"
"Welche einzelnen Fähigkeiten müsste Ihre Erfindung haben, um Ihnen hilfreich zu sein?"
"Was würden Sie weiterhin trotzdem lieber selber machen und nicht der Erfindung überlassen?"
"Welche Lösungen, die Ihre Erfindung bietet, haben Sie bereits entwickelt?"
"In welchen Situationen können Sie auf Ihre Erfindung verzichten?"
"Wie haben Sie es bisher ohne die Fähigkeiten Ihrer Erfindung geschafft eine Lösung zu finden?"
„Was davon, was Ihre Erfindung kann, können Sie auch?"
"... und so weiter ..."

Beispiel

Marie (8) war sehr auffällig durch vulgäre Äußerungen gegenüber anderen Kindern und Erwachsenen, Anspucken und Schlagen. Oft zeigte sie dieses Verhalten in Konfliktsituationen und bezog dann wahllos weitere Personen mit ein. Marie wurde im Rahmen einer Jugendhilfemaßnahme von einer Kollegin betreut. Als es zu einem Vorfall kam, sprach meine Kollegin mit Marie, die es mittlerweile sehr bereute, dass sie einen Mitschüler massiv beschimpfte, anspuckte und schlug. Marie erzählte ihr, sie habe zwei Seiten – eine Vulkan-Marie (wenn sie ausbricht) und eine gute Marie.
Betreuerin: Wo ist denn die gute Marie, wenn die Vulkan-Marie gerade da ist?
Marie: Die ist dann im Gefängnis.
Betreuerin: Und wenn es andersherum ist? Wo ist denn die Vulkan-Marie, wenn die gute Marie da ist?
Marie: Die ist dann im Gefängnis und kann nicht raus.
Betreuerin: Wie kann denn die gute Marie der Vulkan-Marie helfen? Gibt es da eine Möglichkeit?
Marie: Ja, die gute Marie könnte einfach durch das Gitter der Vulkan-Marie eine Spritze mit Energie geben, die sie dann wieder auflädt und ihr Power gibt, wieder normal zu sein.
Mit Marie vereibarte die Kollegin, dass sie ihr in hochgespannten Situationen ein sehr saures Bonbon gibt, was als die beschriebene „Energiespritze" fungiere. Tatsächlich konnte sich Marie in darauf folgenden Situationen gut mithilfe der Energiespritze herunterfahren und hatte sich damit eine hilfreiche Erfindung ausgedacht, mit deren Hilfe sie sich gut selbst regulieren konnte.

Nicht zu vergessen ist, dass Erfindungen nicht nur Dinge erleichtern oder eine Lösung für ein Problem sind – sie können auch Revolutionen sein, nach denen nichts mehr so ist, wie es zuvor war.

Das wirklich spannende an Erfindungen ist jedoch die Idee der Verbesserung. Manche Erfindungen entstehen oft in unverhofften, spontanen Momenten, sind plötzlich da und gehen einem nicht mehr aus dem Kopf. Sind sie erst einmal im Kopf, kann man an ihnen feilen, sie verfeinern, mit ihnen arbeiten. Die Idee - mag sie noch so verrückt sein – geht voran, die Arbeit daran und schließlich das Ergebnis werden nachziehen.

3.6 Superhelden – Entfesseln Sie Ihre "Superkräfte"

Superhelden mit übermenschlichen Fähigkeiten üben seit jeher eine besondere Faszination auf uns aus. Sie sind entweder erstaunlich stark und können Autos wie Spielzeuge durch die Luft werfen. Oder sie fliegen selbst durch die Luft, schwingen sich hoch ins All und wieder zurück zur Erde. Oder aber sie können sich unsichtbar machen, sodass niemand sie sehen kann. Vielleicht sind sie auch kugelsicher und nichts kann ihnen etwas anhaben.

Fliegen können, an Wänden hoch laufen können, unter Wasser atmen, unsichtbar sein, kugelsicher gepanzert sein, unbändige Kräfte haben, sich mikroskopisch klein machen können, etc. Die Reihe von Fähigkeiten könnte noch weitaus länger sein. So ziemlich jede Idee zu übermenschlichen Kräften gibt es bereits in der Comic- und Kinokultur.

Die Gründe für unsere Begeisterung können sehr unterschiedlich motiviert sein. Vielleicht wünschen wir uns für uns selbst eine Fähigkeit, die wir gut gebrauchen könnten, um unser Leben zu meistern.

Die folgenden Fragen können hilfreich sein, um Ressourcen – die persönlichen "Superkräfte" – zu entfesseln.

Hilfreiche Fragen

"Stellen Sie sich vor, Sie dürfen sich eine Fähigkeit auswählen, die Ihnen bei Ihrem Anliegen helfen könnte. Welche wäre das?"
"Von welcher Fähigkeit haben Sie als Kind geträumt?"
"Welche Fähigkeit, von der Sie früher geträumt haben, ist irgendwann wahr geworden?"
"Welche Fähigkeit könnte Ihnen in Hinblick auf Ihr Anliegen helfen?"
"Welche ersten Schritte können Sie unternehmen, um dieser Fähigkeit näher zu kommen?"

"In welchen Situationen haben Sie sich gewundert, wieviel Kraft Sie hatten?"
"Was können Sie solange tun, solange Sie Ihre Fähigkeit nicht haben?"
"Welche Fähigkeiten haben Sie bereits, die Ihnen in anderen Kontexten hilfreich sind?
"Inwiefern könnten Ihnen diese Fähigkeit auch in diesem Fall nützlich sein."
"Welche Fähigkeiten bewundern andere Menschen an Ihnen?"
"Welchen Superhelden bewundern Sie? Für welche Fähigkeit?"
"... und so weiter ..."

Wozu ist das Ganze nun gut? Inwiefern kann die Methode mit den Superkräften hilfreich sein?

Wie oben erwähnt, dient diese Methode der Sichtbarmachung von Ressourcen. Ist ein Wunsch nach einer Kraft erst einmal ausgesprochen, ist der Weg dahin bereits viel kürzer. Vielleicht haben Kund*innen bereits Teile der Superkraft in sich oder hatten sie zu anderen Zeitpunkten einmal. Hier kann es wertvoll sein nachzuforschen und diese Kraft oder Fähigkeit wiederzubeleben.

Gerade in der Arbeit mit Kindern kann diese Herangehensweise sehr hilfreich sein.

Beispiel

Jerry war 8 Jahre alt und in der zweiten Klasse. Seine Lehrkraft hatte häufig damit zu kämpfen, dass Jerry regelmäßig den Unterricht sprengte. Er redete rein, ohne sich zu melden. Er versteckte sich unter dem Tisch oder stellte sich auf den Stuhl. Teilweise handelte er impulsiv und warf mit Gegenständen. Seine Lehrkraft hatte bereits vieles ausprobiert. Da sich nichts in seinem Verhalten änderte, wurde Jerry von seiner Mutter abgeholt, sobald es zu Eskalationen kam.Jerry selbst machte diese Sanktion zu schaffen, denn er wollte gerne in der Schule, bei seinen Freunden sein.
Im Gespräch redeten wir erstmal nicht über das Problem. Vielmehr sollte es erst einmal darum gehen, ihn ins Boot zu bekommen. Also sprachen wir über Filme, die er mochte. Jerry erzählte gerne von Comichelden, also wollte ich wissen, welchen Superhelden er für seine Fähigkeiten bewundere. Sein Lieblingsheld sei Spiderman. Er begründete es damit, dass "Spidey" nach außen ein ganz normaler Junge sei, der jedoch Superkräfte hätte, von denen niemand wisse.

Jerry findet das cool. Also fragte ich Jerry, wenn Spiderman sein Kumpel wäre, wie könnte er ihn unterstützen, sich im Unterricht zu melden. Jerry sagte, er müsse ihn sehen, dann würde er sich erinnern. Spidey müsse sagen: "Du schaffst das!". Gemeinsam suchten wir ein Bild des Superhelden im Internet zum Ausmalen. Zusätzlich bekam er eine Sprechblase mit dem gewünschten Satz. Das Ganze wurde laminiert und bekam einen gut sichtbaren Platz auf seinem Tisch. Seine Lehrkraft berichtete, dass es ihm sehr geholfen habe und sich sein Verhalten im Unterricht sehr verbessert habe. Hin und wieder spreche sie ihn auf Spiderman an und unterhalte sich mit ihm über ihn. Er konnte so seine Lehrerin wieder positiv erleben und wurde immer wieder an seinen Held erinnert. Im Laufe der Zeit wurde aus Spidermans Fähigkeit also Jerrys Fähigkeit.

Es müssen jedoch nicht zwangsläufig die Superkräfte sein, nach denen gefragt wird. Durch zirkuläre Fragen können Perspektivwechsel vorgenommen werden, durch denen einerseits eigene Ressourcen sichtbar gemacht werden können und andererseits eine gedachte Reaktion der Umwelt einbezogen werden kann. Sie könnten beispielsweise fragen *„Was würde Jean Luc Picard, der Captain der Enterprise, in dieser Situation unternehmen?"*. Ebenfalls könnte nach realen Personen im Umfeld gefragt werden *„Wenn ich jetzt Ihre beste Freundin danach fragen würde, was würde sie mir dazu sagen?"* oder auch zukunftsgerichtete Fragen, wie *„Wenn ich Ihren Vater in einem halben Jahr danach fragen würde, wie seine Tochter die Situation gemeistert hat, was würde er mir antworten?"*.

3.7 Beam me up, Scotty – Zur selben Zeit am anderen Ort

Nicht erst seit dem Marteria-Song kennt man den Satz *Scotty, beam mich hoch!* Im Original stammt er aus dem Weltraumklassiker *Star Trek*, genauer von Captain Kirk, der seinem Mann am sogenannten *Teleporter* die Anweisung gibt, ihn in Echtzeit tausende von Kilometern zu bewegen. Dabei wird eine Person zunächst dematerialisiert und setzt sich im selben Moment an anderer Stelle wieder zusammen – eine Reise ohne Stau, volle Züge und vor allem ohne Zeitaufwand. Bislang ist *Beamen* nicht möglich. Allerdings verletze es kein physikalisches Prinzip[6]. Theoretisch ist es möglich. Einzelne Atome konnten sogar schon in Echtzeit bewegt werden, allerdings ist dies mit einem sehr hohen technischen Aufwand verbunden. Zur Zeit würde die gesamte Rechenleistung aller Computer auf Erden nicht ausreichen, um einen Menschen mit allen Atomen zu vermessen zu bewegen und an anderer Stelle wieder genau so zusammen zu setzen. Rechenleistung steigt jedoch seit Jahrzehnten exponentiell. Bedenkt man, dass Rechner mit denen Raummissionen der NASA in den 80ern durchgeführt wurden, weniger konnten, als ein heutiges Smartphone, bekommt man ein Gefühl dafür, wie rasant die Entwicklung in dieser Hinsicht ist. Es ist vielleicht also nur noch eine Frage der Zeit, bis die Menschen Beamen können.

Mithilfe des Beamens könnten wir also innerhalb kürzester Zeit einen Ort verlassen oder einen anderen aufsuchen. Verlassen und Aufsuchen – das Eine bedingt dabei das jeweils Andere. Bedeutet der neutral als Ortswechsel beschriebene Vorgang nun ein *Weg-von* oder eher ein *Hin-zu*? Beides kann methodisch genutzt werden, da es unterschiedliche Vorstellungen und somit mögliche Beschreibungen hervorbringen kann. Worin könnte für Kund*innen dieser Unterschied zwischen beidem bestehen? Während beim *Weg-von* vermutlich eher Ideen der Vermeidung eine Rolle spielen, liegt der Fokus beim *Hin-zu* auf einem erwünschten, von Spannungen und wahrgenommenen

---

6   https://www.ds.mpg.de/76949/23

Problemen freien Zustand. Der zweite Zustand ist vermutlich positiver besetzt als Ersterer.

Bei *Star Trek* ist es oft typisch, dass die Mannschaft in letzter Sekunde, um Unheil zu entkommen, zurück auf´s Raumschiff gebeamt wird, was ganz klar der Bewegung *Weg-von* entspricht. Einem Entkommen aus einer als herausfordernd erlebten Situation kann auch ein Abbau von Spannungen einhergehen und wäre somit eine legitime Lösung. Ein *Weg-von* hat demnach eine ebensolche Berechtigung, wie ein *Hin-zu*.

Hilfreiche Fragen
„Wäre ein Ortswechsel für Dich ein Weg-von oder ein Hin-zu?"
„Worin besteht darin für Dich der Unterschied?"
„Was unterscheidet den Ort, an den Du Dich beamen würdest?"
„Welche Gemeinsamkeiten gibt es?"
„Woran würdest Du merken, dass Du woanders bist?"
„Angenommen, der Teleporter versagt und schickt Dich zu einem viel schlimmeren Ort. Woran würdest Du das merken?"
„Was müsste anders sein, damit Du dich wieder zurückbeamen lässt?"

3.8 Utopien in der Beratung - I have a dream...

„Hear my vision from the future, eternal darkness for the human kind (...)" singen *Son of tomorrow* in ihrem Song *The savior of mankind* (2023), eine düstere Vision der Zukunft, in der die Menschen auf einer atomverseuchten Welt im Kampf gegen die Maschinen um das Überleben ihrer Spezies kämpfen.

Die Visionen, die für Beratung relevant sind, sollten nicht derart dunkel sein. Wir wollen nach vorne schauen in eine Welt, die wir uns wünschen. Die Vision steht dafür als idealistisches (Vor-)Bild, als Grundidee, in welche Richtung es einmal gehen kann. Dabei darf gerne übertrieben werden, es darf geträumt werden, es darf gedacht und vor allem gesagt werden, was noch unwahrscheinlich ist. Denn ist etwas einmal ausgesprochen, ist es im Raum und es kann damit weiter gearbeitet werden. Viele Dinge, die ausgesprochen werden, sind schon ein Stück weit realer als Dinge, die nur gedacht werden. *Am Anfang war das Wort,* in meinem Fall mit einem Augenzwinkern gemeint. Einerseits, weil man sie selbst hört – andererseits, weil andere die Chance haben, es hören können. Visionen und Ideen können ansteckend sein und können Feuer entfachen.

Wer träumt nicht von einer Welt, in der alles besser ist als heute? Kein Hunger, keine Kriege mehr, ein Leben in Wohlstand für alle, ein Ort wo Milch und Honig fließen... An vielen Orten der Welt ist dies nah an der Realität. Würde man einem Menschen von vor dreihundert Jahren aus unserer Zeit erzählen, würde man uns für übermütig und womöglich halten. Dennoch ist es so – besonders im westlichen Kulturkreis – dass die Lebensbedingungen für Menschen sich im Laufe der letzten Jahrhunderte rapide zum Positiven verändert haben. Was früher einmal undenkbar war, ist heute für viele Menschen auf der Welt gerade einmal alltäglich. Rutger Bregman schreibt in seinem Buch *„Utopien für Realisten"*[7], Attribute, wie sie die Menschen noch im

---

7   Bregman, 2017

Mittelalter dem Paradies oder Schlaraffenland zugeschrieben haben, sind heute Realität und haben sogar die Erwartungen übertroffen. Ein Sprichwort lautet *„Utopien sind nur vorzeitige Wahrheiten."*

An der technischen Entwicklung der letzten Jahrzehnte merkt man, wie schnell wir Fahrt aufgenommen haben. Schauen wir uns Science-Fiction-Filme aus den 1960-1970er-Jahren an, bemerkt man, dass viele Dinge, die man sich damals vorstellte heute vorhanden sind. Teilweise wirken sie heute bereits antiquiert. Heute gibt es selbst öffnende Türen, wir nutzen täglich kabellose Kommunikatoren (Handys) ohne es spektakulär zu finden, es gibt 3D-Drucker, die uns dreidimensionale Gegenstände ausdrucken, erste fahrerlose Autos befinden sich auf den Straßen. Die Träume von damals sind also in vielen Bereichen Realität.

Warum also nicht träumen von einer Welt, in der nicht nur manches, sondern alles besser ist? Die Vorstellung ist der erste Schritt zur Lösung. Die Chancen stehen gut, dass alles weitere folgt.

Hilfreiche Fragen

„Wie ist das Leben in dieser fremden Welt?"
„Was genau ist in der Traumwelt anders als in dieser?"
„Welche Umstände in der Traumwelt sind einfacher zu erreichen? Wie genau kann man diese erreichen?"
„Wie würde der Alltag in der perfekten Welt ablaufen?"
„Was müsste unternommen werden, um die perfekten Zustände zu erreichen?"
„Woran würde man merken, dass sich diese Welt auf dem Weg zu einer besseren Welt befindet? Was wäre anders?"
„An welchen Orten ist es bereits heute so, wie in der Traumwelt?"
„Wie sieht der Alltag in der Traumwelt aus?"
„Welche Teile der Traumwelt sind bereits heute Realität?"
„Welche Kleinigkeit können Sie unternehmen, um Ihrer Traumwelt näher zu kommen?"
„...und so weiter ..."

Der Fragefokus ist ganz klar auf die positive Konnotation der Zukunft gelegt. Es ist für das Entwickeln von Lösungsstrategien nicht hilfreich in die Vergangenheit zu schauen und sich an Problemen oder deren Gründen aufzuhalten. Noch viel weniger hilfreich ist es, sich immer wieder mit dem Problem im Kreis zu drehen und darin zu verharren „Hätte ich mal lieber dies oder das gemacht". Diese Haltung blockiert, verhindert Weiterentwicklung und selbstwirksames Handeln. Um voranzukommen ist es also wichtig, erbaulich, konstruktiv, kreativ, ideenvoll zu werden.

Einigen Menschen besitzen die Fähigkeit ständig nach vorne zu schauen. Oder sie besitzen die Resilienz, auf Belastungen oder Herausforderungen des Lebens schnell wieder ins Handeln zu gelangen. Anderen Menschen fällt dies wiederum schwer. Vielleicht zieht es sich bereits durchs ganze Leben. Ständig bekommen sie zu hören „Du bist immer so negativ", „Schau doch mal nach vorne", „Wieso musst du immer vom Schlimmsten ausgehen?". Dabei ist es alles andere als leicht, positiv zu denken und hat oft gute Gründe, die weit in die Kindheit zurückgehen und oft bereits in der frühkindlichen Prägung angelegt wurden. Hier spielen Selbstvertrauen, Selbstwert und Zutrauen eine wichtige Rolle. Es ist demnach wenig zielführend zu fordern, jemand solle mal endlich positiv denken oder nach vorne schauen – so einfach ist es leider nicht. Ein Mensch ist kein Computer, dem man ein neues Programm schreibt.

Man kann jedoch positives Denken trainieren und den Kopf manchmal aus der *Komfortzone des Negativen* herausrecken. Berater*innen können durch beharrliches Fragen mit einem positiven Fokus diesen Prozess unterstützen.

3.9   Verwandlungen

Wäre es nicht großartig, sich bei Sorgen, Problemen und Herausforderungen in jemanden zu verwandeln, der diese Probleme nicht kennt? Auch wäre es großartig, wenn wir die Probleme nicht mehr am ganzen Körper spüren, sondern sie ledigleich einen zu vernachlässigenden Teil unseres Gesamtvolumens einnehmen würden und nur einen kleinen Teil von uns ausmachten, den wir gut unter Kontrolle bringen können.

Eine hervorragende Möglichkeit – gerade in der Arbeit mit Kindern – bieten Externalisierungen. Wir alle kennen Aussagen *„Er ist ein aggressives Kind".* Je länger Zuschreibungen an Personen wie diese stattfinden, desto eher übernimmt die betroffene Person sie auch und verinnerlicht sie, bis sie irgendwann selbst über sich sagt: *„Ich bin aggressiv."*

Beispiel 1

Ramon (12) fiel es schwer, sich in einer Gruppe mit Kindern an die geltenden Regeln zu halten. Fast täglich fing er laut an zu singen, berührte andere Kinder und ging unangemessen in Kontakt. Häufig schrie er auch einfach in den Raum hinein. Für die gesamte Gruppe, inklusive der Betreuer*innen war dies eine starke Herausforderung, da es kaum eine ruhige Minute mit ihm gab. Ramon wusste immer genau, was die Betreuer*innen als nächstes zu ihm sagen würden und konnte sein besonderes Verhalten benennen. Dennoch fiel es ihm schwer, es abzustellen oder zu verändern.
Eines Tages erzählte Ramon mir, er müsse es einfach machen, so als würde es ein kleines Monster geben, was ihn dazu bringe. Ich fragte ihn: Wenn Deine Fähigkeit ein Monster wäre, wie würde es heißen?
Ramon: Das hat keinen besonderen Namen, es wäre das Tu-Monster.
Ich: Und was macht dieses Tu-Monster?
Ramon: Es sagt immer, dass ich schreien soll oder singen.
Ich: Und wo ist das Monster genau?
Ramon: Keine Ahnung, es steht irgendwo in der Ecke oder so.
Ich: Es ist also nicht bei Dir in der Nähe?
Ramon: Naja, es ist ja schon bei mir, aber nicht so dicht dran.
Ich: Das ist spannend. Und was kannst Du machen, damit das Tu-Monster dich in Ruhe lässt?
Ramon: Ich könnte ihm sagen, es soll aufhören. Das muss auf mich hören, schließlich habe ich es erfunden!
Ich: So einfach ist das?
Ramon: Ja. Warum nicht?

Ich: Was können die anderen tun, um Dich zu unterstützen?
Ramon: Die könnten einfach immer sagen, Ramon, das Tu-Monster ist wieder da. Kannst Du ihm den Befehl geben?
Über den Zeitraum einiger Wochen funktionierte es sehr gut, dass mann Ramon dabei unterstützen konnte, sein Tu-Monster in Schach zu halten. In der ersten Zeit schaffte er es sogar ohne Hilfe. So konnte er erstmals wieder positive Erfahrungen in der Kindergruppe machen und erlebte zudem Momente der Selbstwirksamkeit.

Über die Externalisierung mithilfe des Tu-Monsters konnte Ramon lernen, dass er nicht mit seiner kompletten Persönlichkeit das problematisch beschriebene Verhalten ist und *„er so ist"*, sondern das Verhalten abspaltbar ist und somit durch ihn selbst kontrollierbar ist.

Beispiel 2

Melli (9) erlitt in ihrer Familie massive häusliche Gewalt durch den Vater und bekam auch Gewalt der Eltern untereinander mit. Glücklicherweise lebt sie mittlerweile in Sicherheit.
Im täglichen Umgang mit anderen Kindern und Erwachsenen ist sie freundlich, hilfsbereit und aufgeschlossen. Auch Konfliktsituationen meistert sie gut, bis zu einem bestimmten Punkt. In Momenten, in denen sie hochgespannt ist und im Konflikt mit einer Person ist, wird sie einerseits verbal extrem ausfällig, schlägt, tritt, spuckt und schreit. Besonderheit ist, dass auch außenstehende Personen wahllos in ihre Tiraden einbezogen werden und von ihr aktiv auf die oben beschriebene Weise angegangen werden, bis sie alle sie umgebenden gegen sich hat. Meistens passiert dies am Ende eines Tages in einer Nachmittagsgruppe, während die Kinder in einer Gruppe am Tisch sitzen.
Ist die Situation vorüber, bricht sie zusammen, weint und äußert, sie wolle wissen, wie man sterben könne. Sie bereut das Getane dann zutiefst. Melli spricht dann davon, sie sei böse und aggressiv. Gleichzeitig schämt sie sich für ihr Verhalten.
Eine solche Situation erlebte sie etwa eine Woche nach ihrem Geburtstag, an dem es Torte gab. Noch einige Tage später erzählte sie von der leckeren Torte. Ich nahm die Torte zum Anlass kurz nach der gespannten Situation mit ihr zu reden.
Ich: Melli, weißt Du noch ... die leckere Erdbeertorte auf Deinem Geburtstag?
Melli: Ja, die war richtig lecker.
Ich: Wieviele Stücke haben wir da herausbekommen?
Melli: Das waren zwölf Stücke. Zehn Kinder und zwei Betreuer.
Ich: Ja, genau. Mit deiner Wut ist es ein bisschen wie mit der Torte. Die Torte ist ganz groß und hat viele leckere Stücke. In nur einem der zwölf Stücke ist eine Erdbeere, die nicht gut schmeckt...
Melli: Und das ist, wenn ich wütend bin!
Ich: Ja, so ziemlich. Und was ist das Gute daran?
Melli: Die anderen Stücke sind aber alle lecker. Nur das eine schmeckt nicht.
Ich: Und so habe ich Dich kennengelernt. Die meiste Zeit bist Du sehr freundlich zu den anderen, Du hilfst den anderen Kindern und auch den Erwachsenen gerne. Und die anderen Kinder freuen sich, wenn ihr zusammen

mit dem Puppenhaus spielt. Das ist sehr oft ganz lange so. Wenn Du die anderen Kinder beschimpfst und anspuckst, ist das nicht toll, aber es ist nur ganz kurz. Und das ist das schlechte Tortenstück.

Melli: Und da kann man ja drum herum essen.

Ich: Das stimmt, es ist toll, dass Du das so schnell merkst. Und ganz schön witzig. (Beide lachen.)

Eine Woche später stand wieder die Abschlussrunde in der Nachmittagsgruppe - und damit die schwierigste Phase an Mellis Tag - bevor. Noch bevor wir in den Gruppenraum gingen, überraschte sie mich und sprach von der Torte. Sie wolle gleich nur an den großen, leckeren Teil denken. Die Runde mit ihr funktionierte gut. Die Metaphorik mit der Torte griff ich in weiteren Gesprächen mit ihr wieder auf.

3.10 Klonen – Das (Er)Leben des Anderen

Was würden wir tun, wenn wir zwei Leben hätten? Würden wir alles genauso machen? Würden wir unseren Weg genauso weitergehen, wie wir ihn bislang gegangen sind?

Der Gedanke daran ist insofern abwegig, da wir nunmal nur ein Leben haben. In Matt Haigs Buch *Die Mitternachtsbibliothek*[8] hat die Protagonistin die Möglichkeit in mögliche andere Leben hinein zu schnuppern. In einer riesigen Bibliothek befinden sich etliche, mögliche Lebensläufe, die sie einfach aus dem Regel ziehen kann. Immer mit dem Unterschied, dass eine kleine oder große Entscheidung ihres Lebens anders getroffen wurde und somit Auswirkungen auf den gesamten Lebenslauf hat. Entscheidungen im Kleinen bewirken demnach Auswirkungen im Großen.

Die Möglichkeit mehrerer Leben ist im Sinne der Science Fiction nicht abwegig, da er denkbar und somit erlaubt ist. Frei nach dem Grundsatz: Was denkbar ist, ist näher an der Verwirklichung als das Nicht-Gedachte.

Der Vorteil an der Klon-Methode ist, dass wir uns aus zwei Perspektiven wahrnehmen können. Einerseits haben wir unsere eigene Perspektive, die jeder ohnehin hat. Hinzu tritt die Wahrnehmung des Selbst aus der Außenperspektive heraus. Wir betrachten uns selbst in diesem Moment als ein mögliches *Ich*. Was könnte aus mir noch werden, was ich zur Zeit noch nicht bin? Oder bin ich es schon teilweise und müsste nur an bestimmten Stellen nachjustieren. Wie wäre ich gern? Was oder wer wäre ich gern für andere?

---

8   Haig, 2023

Wir können aber auch aus dem Leben unseres Alter-Ego zurück auf unser jetziges Leben schauen und beschließen, welche Dinge unseres bisherigen Lebens wir bewahrenswert finden und unbedingt beibehalten wollen würden. An dieser Stelle wird dann der Blick auf die persönlichen Ressourcen geschärft, die wir bereits besitzen. Mit diesem Fokus auf die eigenen Ressourcen müssen wir niemand anderes sein, wir lokalisieren diese positiven Eigenschaften, Charakterzüge, Umstände oder auch Menschen um uns herum bei uns selbst.

Hilfreiche Fragen

„Was wäre Deinem Klon möglich, was Dir zur Zeit nicht möglich ist?"

„Was würdest Du unternehmen, wenn Du einen Klon hättest?"

„Welche Veränderungen würdest Du unternehmen, wenn Du als jemand anderes weiterleben würdest?"

„Was würde Dir Dein Alter-Ego aus seinem zufriedenen Leben berichten?"

„An welche Dinge Deines bisherigen Lebens würdest Du dich positiv erinnern?"

„Welche Dinge Deines bisherigen Lebens würdest Du unbedingt beibehalten wollen?"

„Was wäre für Deinen Klon anders als für Dich?"

„Was hält Dich davon ab, das selbe wie Dein Klon zu tun?"

„... und so weiter ...

3.11 Ewiges Leben – Erwachen in einer anderen Zeit

Stellen wir uns einmal vor, wir könnten uns zu Lebzeiten einfrieren lassen und zu einem späteren Zeitpunkt wieder auftauen lassen. Im Film *Demolition Man*[9], mit Sylvester Stallone, ist dies möglich. Er spielt den Polizisten John Spartan, der im Jahre 1996 mittels moderner Cryo-Technik eingefroren und im Jahre 2032 wieder aufgetaut wird, um den gefährlichen Gangster, Simon Phoenix, einzufangen. In diversen Filmen des Sci-Fi-Genres gibt es dieses Muster des Cryo-Schlafes. In einigen werden Zivilisationen gerettet, indem die menschliche Spezies beispielsweise wieder erweckt wird, sobald das Raumschiff auf welchem die Menschen eingefroren sind einen bewohnbaren Planeten gefunden hat. Kurz gesagt: Zu einem geeigneten Zeitpunkt werden die Menschen wieder belebt. Denn nun kann es weitergehen. Die Phase der Probleme wurde überschlafen, wurde übergangen, wurde ausgehalten. Nun beginnt die Phase, in welcher die Umstände besser sind und wieder mit dem Leben weiter gemacht werden kann.

Bislang gibt es diese Cryo-Technik noch nicht in ausgereifter Form. Der Gedanke daran und auch die Forschung existieren bereits. Wir können uns also zunächst mit dem Gedanken befassen.

Angenommen, wir können uns für eine Weile herausziehen. Einerseits könnten wir schauen, zu welcher Zeit wir gerne wieder aufgetaut werden möchten. Optimalerweise wäre dies eine Zeit, in welcher für uns alles besser ist.

Andererseits können wir auch schwierige Zeiten überdauern. Es wäre dann spannend zu sehen, was in der Zwischenzeit ohne unser Hinzutun passiert. Geht alles den oft zitierten Bach herunter? Oder das Gegenteil? Eine Grundannahme im systemischen Denken heißt: Systeme stabilisieren sich. Man kann also davon ausgehen, dass ein vorübergehendes Vakuum gefüllt wird. Dies wäre dann eine Lösung. Ob man mit dieser Lösung leben kann, muss dann erforscht werden und ist Abwägungssache.

Eine besondere Funktion kann diese Methode erfüllen, wenn es um Menschen geht, welche die Arbeit, Aktivitäten oder Aufgaben an sich reißen? Im Familienkontext könnten dies die landläufig als *Helicopter-Eltern* verschrienen Eltern sein. Ständig übernehmen sie Dinge für ihre Kinder, sind immer für sie da, tragen die schweren Schultaschen, fahren sie mit dem Auto bis vor die Schule, sagen auch mal die Lösung für die Hausaufgaben (schließlich soll sich das geliebte Kind am

---

9   Demolition Man, 1993

Folgetag nicht einer falschen Antwort schämen müssen). Manchmal sogar mehr, als es den Kindern gut tut.

Beispiel 1

Alex (7) fällt in der Schule immer wieder negativ dadurch auf. Er will ständig der Erste sein, wenn es um Dinge geht, wie zuerst in die Sporthalle gehen, als Erster das Essen in der Mensa bekommen. Abwarten fällt ihm schwer. Seine Bedürfnisse macht er unverzüglich deutlich und kann dann schwer zögern, diese erfüllt zu bekommen. Auch das Einhalten von Regeln fällt ihm schwer. Er spricht im Unterricht wenn er dazu Lust hat und übergeht auch andere Kinder. Aufgrund dieser gezeigten Symptomatik wurde ihm ein Training nahegelegt, in welcher er einmal die Woche mit einem Elternteil in die Schule kommt. Der Elternteil bekommt dann die Aufgabe über drei Stunden das eigene Kind zu beobachten und bei Bedarf zu unterstützen.

Bereits in der ersten Sitzung wurde einiges in Bezug auf die Eltern-Kind-Interaktion sichtbar. Alex kam in die Klasse. Hier sagte er seiner Mutter, wo er sitzen wolle. Seine Mutter, die die Schultasche des Kleinen trug, folgte seinen Anweisungen und stellte die Tasche an der gezeigten Stelle ab. Sofort begann sie mit dem Auspacken der für den Unterricht benötigten Unterlagen. Alex hatte nun alles auf dem Tisch. Auf Anweisung der Lehrkraft sollte er nun einen Bleistift herausholen. Als er dies nach wiederholter Ansprache nicht tat, kam seine Mutter, holte den Stift aus der Federtasche, spitzte ihn an und gab ihn Alex, der infolgedessen keine Anzeichen gab mit dem Stift arbeiten zu wollen. Seine Mutter bot ihm an: Du sagst es und ich schreibe es für dich auf. Auch im weiteren Verlauf wurde deutlich, dass Alex Mutter unverzüglich tätig wurde, sobald ihr Sohn es von ihr forderte oder auch, wenn es der Mutter selbst zu lange dauerte.

Wir stellten die Hypothese auf, dass Alex die Ungeduld seiner Mutter einerseits kopiere, da er diese zum täglichen Vorbild hat. Eine weitere Vermutung war, Alex habe nie gelernt, seine Impulse in Bezug auf seine Bedürfnisse zu kontrollieren. Er müsse dies nicht, da er die Situation des langen Wartens kaum kenne.

Wir beobachteten dies noch einige Male, um zu schauen, ob es ein Muster im Interaktionsverhalten der beiden gab.

Die Mutter wurde nun mit unserer Beobachtung konfrontiert. Es dauerte nicht lange und sie erzählte von Alex traumatischer Geburt. Sie wolle alles gut für ihn machen, da er bereits als Säugling so vieles durchstehen musste. Sie wolle, dass es ihrem Sohn gut gehe.

Nachdem wir die Zeitmaschine-Methode anwendeten, fragte ich sie: Was wünscht Du Dir für Deinen Sohn?

Mutter: Dass er einmal ein schönes Leben haben wird. Ich habe schon soviel kämpfen müssen. Ihm will ich das ersparen und ihn vor schlechten Erfahrungen bewahren.
Ich: Angenommen, Du wärst für zehn Jahre eingefroren und könntes nichts machen, was würde aus Deinem Sohn werden?
Mutter: Wahrscheinlich hätte wäre er in Dinge hineingeraten, die schlecht sind.

Ich: Wahrscheinlich?
Mutter: Ja, das kann man ja nicht sicher sagen. Aber er müsste sich schon alleine durchbeißen...
Ich: Wodurch?
Mutter: Durchs Leben halt.
Ich: Und was hätte er dann gelernt?
Mutter: Er könnte dann schon Dinge alleine regeln.
Ich: Wozu soll das gut sein?
Mutter: Dass er auch mal eine tolle Frau findet, zum Beispiel. Die wollen ja niemanden, der nicht selbstständig ist. Zumindest die moderne Frau nicht.
Ich: (schaue die Mutter an und lächle)
Mutter: Ich merke schon, was Du willst. Ich soll aufhören, ihm alles vorzumachen?!
Ich: Das habe ich nicht gesagt...
Mutter: Ja, aber gemeint. (lacht.) Ja, irgendwann muss er ja damit anfangen das zu lernen. Vielleicht muss ich einen Gang runter schalten.

Dieses Beratungsgespräch ist mir in sehr schöner Erinnerung, da soviel darin steckt; sowohl die rasche Selbsterkenntnis der Mutter, die vielleicht schon länger den naheliegenden Gedanken hatte und nur einen *Schubser in die richtige Richtung* oder Bestätigung brauchte als auch der kurze Weg zu einer Lösung, die sie selbst naheliegend empfindet.

Mithilfe dieser Methode kann über mögliche Auswirkungen sinniert werden, die eintreten könnten, wenn Klient*innen für eine Weile aus dem System entfernt würden. Welche Veränderungen würden stattfinden, wenn der tagtägliche Einfluss ausfiele? Wenn ein Teil eines Systems entfernt wird, werden auch dessen Funktionen und Wirkungen in diesem Beziehungs- und Abhängigkeitsgeflecht verändert. Ein Vakuum entsteht. Ein Raum der Leere, der gefüllt werden muss. Eine Weile ist nach einem derartigen Übergang das System zunächst instabil, stabilisiert sich dann jedoch allmählich. Häufig treten dann andere Akteure an die Stelle des verlorenen Teils und übernehmen dessen Funktion oder es finden weiter reichende Veränderungen statt, die Auswirkungen auf das Gesamtsystem haben können. Die Organisationsstruktur der einzelnen Systemteile zueinander wird verändert.

Sehr gut kann man dies beobachten, wenn Menschen in Teams kündigen und von heute auf morgen weg sind.

Beispiel 2 – Exkurs: Vakuum durch ausscheidende Systemteile

In einer Teamsupervision in einer KiTa-Einrichtung beriet ich den Vorstand zu den Themen Kontinuität der Mitarbeiterschaft erreichen und Kommunikation verändern. Nachdem ich mit dem Team eine Aufstellung der Organisation machte, wurde deutlich, dass in vielen Bereichen die Rollen und die Aufgaben der einzelnen Arbeitnehmer*innen nicht klar voneinander abgegrenzt waren. Hinzu kam, dass die KiTa-Leitung noch sehr unerfahren war und deutlich wurde, dass gewisse Bereiche führungslos und ungelenkt waren. Viele Aufgaben, die eigentlich der Leitung zugedacht waren, wurden von einer Büroaushilfe übernommen. Sie übernahm die Kommunikation nach außen, entschied darüber, welche E-Mails für die Leitung relevant waren, kümmerte sich um die Finanzen und war im regelmäßigen (und kostspieligen) Austausch mit dem Steuerberater und buchte sogar Führungskräfte-Fortbildungen für sich selbst. Bei all diesen Dinge war sie quasi unbeaufsichtigt. Erst am Jahresende merkte der Vorstand dies beim kritischen Nachfragen zum Jahresabschlussbericht.

In diesem System wurden zu einem Zeitpunkt sowohl die KiTa-Leitung als auch die Bürokraft gleichzeitig eingestellt. Da sich die Leitung ihrer Rolle nicht rechtzeitig bewusst war und die Aufgaben nicht umfänglich ausfüllte, entstand ein Vakuum, welches von der Büroaushilfe ausgefüllt wurde.

In der Systemaufstellung wurde dies sichtbar und konnte weiter erfolgreich bearbeitet werden.

Im Übergang entsteht eine Irritation in der Struktur des Systems. Aufgaben und Funktionen, die im Zustand davor klar waren oder zumindest in einer Art verteilt waren und dem System eine Stabilität ermöglichten, werden übergangsweise zunächst nicht erfüllt, bis einzelne Teile des Systems entweder durch eine natürliche Entwicklung deren Funktion übernehmen, da die meisten Aufgaben schlichtweg erledigt werden müssen – oder – sie werden, wie oft in klar hierarchisch gegliederten Systemen einzelnen Subsystemen zugewiesen, wie etwa durch Vorgesetzte, die Rollen, Aufgaben und Erwartungen für neue Mitarbeitende definieren.

Hilfreiche Fragen

„Wann wäre ein geeigneter Zeitpunkt, dass Sie aus Ihrem Schlaf erwachen?"
„Was wird sich bis dahin, rein durch Warten, verändert haben?"
„Wie würde ihre Umgebung aussehen, wenn sie von nun an 5 Jahre schliefen?"
„Wie würde es in der Zeit aussehen, zu der Sie erwachen?"
„Was würde passieren, wenn Sie eine Weile raus sind?"

„Wer hätte etwas davon, wenn Sie nun in den Kälteschlaf gingen?"
„Wobei würden Sie fehlen?"
„Was könnte nicht mehr zufriedenstellend erledigt werden, wenn Sie eine Weile raus sind?"

3.12   Dystopien – Gehen wir mal vom Schlimmsten aus...

Wer keine Hoffnung hat, wird auch nicht enttäuscht. So könnte man es sich einfach machen. Wer jedoch keine Hoffnung hat, hat es schwer auf ein Ziel hinzuarbeiten und es fehlt die Motivation für eine Sache. Ganz so einfach ist es also nicht. Ziel von Beratungen soll es auch nicht sein, Hoffnungen zu schmälern und Erwartungen zu Fall zu bringen – ganz im Gegenteil. Nach wie vor liegt der Fokus auf der Mobilisierung persönlicher Ressourcen und individueller Lösungswege.

Dystopien erzählen Geschichten von Endzeitszenarien, von finsteren Zeiten in einer Zukunft, die für Menschen dunkel und nicht mehr lebenswert sind. Sie erzählen die Geschichten von Welten, die *danach* existieren. Dieses *danach* ist oft die nachvollziehbare und schlimme Konsequenz aus vorher falsch getroffenen Entscheidungen und Fehlverhalten vorangegangener Generationen. In dieser finsteren Welt gibt es meist nichts mehr, wofür es sich zu leben lohnt. Es ist die Zuspitzung des Schweren, Dunklen und entmenschlichter Zustände.

Andererseits führen uns Dystopien auch immer wieder vor Augen: Es ist noch nicht zu spät! Es könnte so werden, wenn bestimmte Entwicklungen zuvor ihren Lauf nehmen. Es gibt jedoch noch Möglichkeiten das Allerschlimmste abzuwenden.

Wie können also Dystopien, die oft für eine dunkle, hoffnungslose Zukunft oder gar Endzeit-Szenarien stehen, sinnvoll innerhalb von

Beratungskontexten genutzt werden? Machen sie nicht im Gegenzug vielmehr Angst?

Im Methodenkoffer systemischer Fragetechniken findet sich unter anderem die sogenannte Frage nach Verschlimmerungen. Diese könnte in etwa lauten: *Was müsste passieren, damit die Situation noch schlimmer wird, als sie bislang ist?*

Dystopien sind düstere Fantasien der Zukunft. Ihr Vorteil besteht darin, dass sie bislang nicht eingetreten sind. Sie könnten aber durchaus bevorstehen, wenn bestimmte Schritte zu ihrer Umsetzung unternommen werden. Filmkenner*innen von Filmen der 80er-Jahre wissen, wenn im James Cameron-Film Terminator die Roboterhand mit dem Mikrochip in der Gegenwart erfunden wird, wird es einen Krieg der Menschheit gegen die Maschinen geben. Aus diesem Wissen folgt auf Handlungsebene: Der Chip darf niemals erfunden werden.

Gesagt – getan, wird vorerst noch einmal das Schlimmste abgewendet.

Für die Beratung lernen wir hier: Ist eine schlimmere Zukunft vorstellbar und gleichsam konkrete Handlungsschritte hinreichende Bedingungen, dann müsste entweder das Gegenteil unternommen werden oder zumindest nichts weiteres unternommen werden, um den Status zu halten, auch wenn er unter Umständen gegenwärtig als problematisch empfunden wird.

Beispiel

Elli (38) arbeitet in einem Museum zur lokalen Geschichte einer kleinen Stadt und koordiniert auch die Arbeit Ehrenamtlicher, die dort Führungen durchführen. Oft wird diese Tätigkeit von älteren Menschen durchgeführt, die teilweise im Rentenalter sind.
Seit einiger Zeit macht eine ältere Dame Führungen im Museum. Sie ist sehr gut vernetzt, kennt unterschiedliche Akteure im Museum und Stadtteil. Elli und die Seniorin geraten oft aneinander, da sich die Ehrenamtliche in die Konzeption des Museums einmische, obwohl dies eindeutig Ellis Aufgabe ist. Immer wieder stellt sich heraus, dass die engagierte Rentnerin auch an anderer Stelle – jedoch ohne mit Elli zu reden – Einfluss auf die Gestaltung des Museums nehmen möchte und es thematisiert. Elli ist nach einiger Zeit und

einigen Klärungsversuchen ihrerseits sichtlich genervt von der alten Dame. Auch bei Vorgesetzten hat sie bereits das Thema eingebracht – jedoch ohne Erfolg. Man sei angewiesen auf die Ehrenamtlichen.

Nach einigem Hin- und Her, intensiver Genervtheit und wenig Motivation Ellis, sich weiter mit der Frau auseinanderzusetzen fragte ich sie in der Beratung:
Was müsstest Du tun, damit Du die Situation so weit eskalieren lassen könntest, dass es nicht mehr auszuhalten ist?
Elli: So eine Frage... Was soll das bringen?
Ich: Du sagtest, Du wolltest wissen, wie Du weiter mit ihr umgehen kannst. Das wäre eine Flucht nach vorne, oder?
Elli: Ja, auf jeden Fall... Ich könnte beginnen, über sie herzuziehen und sie woanders schlecht zu machen. So wie sie es mit mir macht.
Ich: Ja, das könntest Du. Was würde dann passieren?
Elli: Die (Ehrenamtliche) wäre sicher genervt von mir. Vielleicht würde sie sich beschweren bei meinen Vorgesetzten.
Ich: Was würde noch passieren?
Elli: Vielleicht würde sie kündigen. Meine Chefin würde mich dafür verantwortlich machen, dass ich sie herausgeekelt haben könnte. Das würde sie mir sehr übel nehmen. Immerhin braucht unser Museum diese Leute.
Ich: Vermutlich schon. Was hält dich davon ab es genau so zu tun?
Elli: Ich bin so nicht. Mein Anspruch ist es, transparent zu arbeiten und Dinge klar bei allen Beteiligten zu benennen.
Ich: Was ist noch dein Anspruch?
Elli: Ich will natürlich auch moralisch richtig handeln. So fiese Dinger von hinten mache ich nicht. Das gehört sich einfach nicht. Da kann ich mir doch gar nicht mehr in die Augen schauen.
Ich: Was gehört sich deiner Meinung nach?
Elli: Grundsätzlich erst einmal aufrichtig zu sein. Nicht gleich zu Dritten rennen und herziehen oder petzen, sondern die Menschen direkt ansprechen und ihnen die Möglichkeit geben, sich zu ändern. Das würde ich umgekehrt genauso erwarten. Das wäre richtig.
Ich: Was hast Du denn deiner Meinung nach bisher richtig gemacht?
Elli: Wenn ich recht überlege, habe ich es genauso gemacht. Ich habe ja echt nach bestem Gewissen gehandelt, indem ich fair zu ihr war. Ich bin ja erst zu den Vorgesetzten gegangen, als ich mehrfach mit ihr gesprochen hatte und keinen Erfolg hatte.
Ich: Wenn ich nun die Vorgesetzten fragen würde, wie sie dein Verhalten bewerten, was würden die mir sagen?
Elli: Vermutlich würden Sie sagen, die Elli hat es richtig gemacht. Die hat quasi sauber gearbeitet. Vielleicht würden die auch merken, dass ich echt fair bin und ein Teamplayer. Und dass ich erstmal versuche ein Problem alleine zu lösen und nicht sofort zur höheren Instanz gehe. In meinem Vorgehen ist eine klare Haltung erkennbar.
Elli konnte ihr Handeln positiv sehen. Sie sagte mir später, sie fühle sich in ihrer Haltung klar und bestimmt. Sie sei sogar stolz auf sich, dass sie sich nicht hinreißen lasse, zu ähnlich fiesen Mitteln zu greifen. Der Seniorin gegenüber fühlt sie sich seitdem stark und „moralisch überlegen", Versuche der Frau sie aus der Reserve zu locken lassen sie kalt. Nach einiger Zeit nahm die Präsenz der engagierten Seniorin ab und sie mischte sich nicht mehr so aktiv in die Konzeption der Ausstellung ein.

Die Vorstellung etwas noch schlimmer zu machen kann also dabei helfen zu bemerken, was man bereits richtig macht und sich bewusster zu werden, was man bislang leistet und zum Gelingen beiträgt. Zum schlimmsten Fall ist es noch nicht gekommen, was auch damit zusammenhängt, dass der eigene Beitrag zur Aufrechterhaltung der Situation vorhanden ist.

Ferner kann auch in den Blick genommen werden, wie es sich für Beratungsnehmende anfühlen könnte, wenn der *worst case* eingetreten ist. Angenommen, der schlimmste Fall ist eingetreten, woran ist dies spürbar? Inwiefern käme man mit dieser Situation zurecht? Aufgrund dessen kann dann abgewogen werden, ob und welche Schritte unternommen oder unterlassen werden.

Hilfreiche Fragen

„Was müsste passieren, damit die Lage nicht mehr auszuhalten ist?"
„Was passiert, wenn sie ihr Handeln nicht ändern?"
„Wie könnte man die Lage weiter dramatisieren?"
„Was wäre das Schlimmste, was Sie sich für diese Situation vorstellen können und was könnten Sie tun, damit es passiert?"
„Was würde passieren, wenn Sie gar nichts zur Veränderung der Situation unternehmen würden?"
„Woran merken Sie, dass sie doch nicht zur Eskalation der Lage beitragen?"
„Was würde passieren, wenn alles so bliebe, wie es zur Zeit ist?"
„... und so weiter ...?"

3.13   Wunderfrage

Die Wunderfrage ist eine alte Bekannte in der Beratung. Gerade in der systemischen Beratung genießt die Frage nach dem Wunder Popularität. Nicht ganz lupenrein der Science-Fiction zuzuordnen, ist sie dennoch im Bereich des Wunderbaren zu verorten. Literaturwissenschaftler*innen würden hier vermutlich korrigieren, dass sie weniger der Science-Fiction als vielmehr dem Fantasy-Genre zuzuordnen ist. Schließlich ist die Rede von Wundern statt von technikorientierten Zukunftserfindungen; Wunder stehen in Assoziationsketten mit Feen und Zauberwäldern nicht mit Zeitmaschinen oder Robotern. Gemeinsam ist beiden jedoch das (noch) Unerklärbare. Ob Wunder oder Zeitmaschine - bei beidem wissen wir nicht, wie es funktioniert. Diese gemeinsame Schnittmenge ist also die Legitimation, die Wunderfrage in dieser Methodenauswahl aufzuführen.

Die Wunderfrage kann folgendermaßen gestellt werden:

Stellen Sie sich vor, sie wachen morgen früh auf und in der Zwischenzeit ist ein Wunder geschehen. Ihr Anliegen hat sich in Luft aufgelöst, das Problem gibt es nicht mehr. Woran merken Sie die Veränderung?

Auch hier können Variationen vorgenommen werden. Zentral ist, dass ein Wunder geschehen ist und zunächst keine Gedanken darauf verwendet werden, wie das Problem gelöst werden kann. Es wird einfach davon ausgegangen, alles sei gelöst und die Klient*in befindet sich im Zustand der gewünschten Veränderung. Zudem können sich Klient*innen in den Zustand der Lösung einfühlen und versuchen zu spüren, wie es sein könnte, bestünde das Problem nicht mehr. Eine von mir sehr geschätzte Zusatzfrage in diesem Zusammenhang ist: „Was wird Dir dann möglich sein?" Diese Frage unmittelbar im Anschluss an die Wunderfrage zu stellen oder auch wenn Zustände des

Lösungsempfindens sich eingestellt haben, habe ich als sehr hilfreich empfunden.

Hilfreiche Fragen (zusätzlich zur Wunderfrage)

„Woran bemerken Sie die Veränderung?"
„Welche Menschen in ihrem Umfeld bemerken die Veränderung?"
„Welche Menschen in Ihrem Umfeld verhalten sich anders?"
„Wie könnten diese Menschen darauf reagieren?"
„Über welche drei Veränderungen freuen Sie sich am meisten?"
„Woran merken die Menschen in Ihrer Umgebung, dass sich etwas bei Ihnen verändert hat?"
„Was würde Ihre am engsten vertraute Person zu Ihrer Entwicklung sagen?"
„Welche (Teile der) Veränderungen sind heute schon in Ansätzen erkennbar?"
„Wie riecht/schmeckt/fühlt es sich an, wenn das Wunder eingetreten ist?"
„Was wird Dir dann möglich sein?"
„... und so weiter ...?"

Im weiteren Verlauf kann tiefergehend gefragt werden. Die Wunderfrage kann mit weiteren systemischen Fragetechniken kombiniert werden, wie etwa zirkulären Fragen.

Der Vorteil der Wunderfrage ist zunächst die völlige Abkehr vom Problem. Sie ist nicht nur auf die Lösung fokussiert, sie lässt nur diese zu und fordert die konkrete Beschreibung des gelösten Zustandes. Sie fokussiert auf die Zeit nach der Lösung des Problems, ohne nach dem gegebenen Falles schweren Weg zu fragen.[10]

---

10   Vgl. Straß, 2007, S.141

Das Eintauchen in den erwünschten Zustand kann sehr motivierend für Klient*innen sein.

Hier kann es hilfreich sein auch weitere Sinne der Klient*innen zu bedienen und den angestrebten Lösungszustand erlebbar zu machen, etwa durch ergänzende, die sinnliche Wahrnehmung betreffende, Fragen. Stellen Sie dabei gerne Fragen danach, wie etwas schmeckt, riecht oder sich anfühlen könnte. Dies trägt dazu bei, die Empfindung tiefer zu verankern, nicht nur auf sachlicher Ebene zu behandeln, sondern sie auf sinnlich spürbar zu machen.

Quellen

Literatur

Asimov, Isaac (2016)

„Das Ende der Ewigkeit." Heyne. München.

Bregman, Rutger (2017)

„Utopien für Realisten. Die Zeit ist reif für die 15-Stunden-Woche, offene Grenzen und das bedingungslose Grundeinkommen." Rowohlt. Reinbek b. Hamburg.

Haig, Matt (2023)

„Die Mitternachtsbibliothek". Droemer.

Long, Aljoscha/Schweppe, Ronald (2014)

„Praxisbuch NLP – die eigenen Kräfte aktivieren, besser kommunizieren und sich auf Erfolg programmieren." Südwest. München.

Rosendorfer, Herbert (1991)

„Briefe in die chinesische Vergangenheit." DTV. München.

Straß, Uwe (2007)

„Hilfreiches Fragen. Praxishandbuch für hilfreiche Gespräche in Lern- und Veränderungsprozessen." BOD. Norderstedt.

Filme

Back to future – Trilogy (1985-1990)
        Regie: Robert Zemeckis

Batman (und) Batman Returns (1989-1992)
        Regie: Tim Burton.

Demolition Man (1993)
        Regie: Marco Brambilla.

Robocop (1987)
        Regie: Paul Verhoeven.

Star Trek: The next generation (1987-1994)
        Regie: Rick Berman. Paramount Pictures.

Musik

Son Of Tomorrow - Savior of mankind (2023)
        Vertrieb über Records DK

Links

https://www.ds.mpg.de/76949/23

Anhang

Wenn Sie Ihr Zukunfts-Ich von in 10 Jahren träfen, was würde es Ihnen aus der erfolgreichen Zukunft erzählen?

Wie hat es Ihr Zukunfts-Ich geschafft?

Welche Top 3-Tipps gibt es Ihnen für die Zeit dazwischen?

Welche Menschen spielen in der Zukunft vermutlich eine Rolle?

ZIEL:

Was können Sie heute Ihrem Ziel Zuträgliches tun?

Was sollten Sie unterlassen?

Was tun Sie bereits im Hinblick auf das Ziel?

Angenommen, Sie bekommen einen Brief mit dem erreichten Ziel. Wie sieht es in dieser Zukunft aus?

Wenn Sie eine Zeitkapsel für die Nachwelt packen wollten, was würden Sie hineinpacken?

Aus welchen Dingen könnte die Nachwelt von Ihnen lernen?

Welche Dinge sind bewahrenswert?

Welche Dinge würden Sie auf keinen Fall in die Zeitkapsel packen?

In einer Welt, in der alles besser wäre, was wäre dort anders?

Was davon ist bereits in der heutigen Welt (teilweise) sichtbar?

Inwiefern können Sie einen Teil dazu beitragen, dass Ihre Utopie Wirklichkeit wird?

Was sollten Sie unterlassen, damit Ihre Utopie Wirklichkeit wird?

Wer in Ihrem Umfeld hätte noch etwas davon, wenn Ihre Utopie wahr geworden ist? Und was hätten diese Personen davon?

Was wäre an dem Ort, zu dem Sie sich beamen, anders als im Hier und Jetzt?

Was sollte an diesem anderen Ort unbedingt so bleiben wie im Hier und Jetzt?

Inwiefern ist der andere Ort ein *Weg-von* für Sie?

Inwiefern ist dieser andere Ort ein *Hin-zu* für Sie?

Weitere Titel von Jan Hauke Hahn

Schwierige Themen ansprechen in psychosozialen Berufen

Schwierige Themen ansprechen richtet sich an alle, die im Kontext psychosozialer Berufe über schwierige und Scham behaftete Themen mit Klient*innen sprechen.

In kurzen Kapiteln bietet es einen Überblick zu Haltung sowie schnell umsetzbare Tools für die praktische Arbeit, abgerundet durch Beispiele aus der Praxis.

2. überarbeitete Auflage

Erhältlich als eBook und Paperback in allen Buchhandlungen.

Systemische Beratung in der Ausstiegs- und Distanzierungsbegleitung

Eine Möglichkeit, der Thematik Rechtsextremismus zu begegnen, ist die Beratung von Menschen, die sich entschieden haben einen Weg heraus aus rechten Strukturen zu suchen oder deren rechtes Weltbild ins Schwanken geraten ist. Eine mögliche Herangehensweise bietet die Systemische Beratung.

Dieses Buch beleuchtet Ausstiegs- und Distanzierungsbegleitung mithilfe der Systemischen Beratung. Im Fokus steht die Frage: Welche Möglichkeiten bietet Systemische Beratung in der Ausstiegs- und Distanzierungsbegleitung? Es wird erläutert, welche Potentiale in spezifischen Methoden der Systemischen Beratung in Bezug auf die Arbeit mit ausstiegswilligen Menschen, die sich aus rechten Strukturen lösen – oder nicht weiter annähern wollen – stecken. Zum Einen werden spezifische Methoden die in der Systemischen Beratung Verwendung finden auf ihre Potentiale hin beleuchtet; zum Anderen wird geschaut, inwiefern eine systemisch-konstruktivistische Haltung hilfreich in der Arbeit mit Klient_innen mit rechtsextremen Hintergrund sein kann.

Erhältlich als eBook und Paperback in allen Buchhandlungen.

68

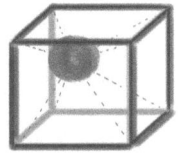

Jan Hauke Hahn

Sprüchekarten-Set

**80 Karten mit Sprüchen und Aphorismen für Beratung,
Coaching und Supervision**

Eigene Lösungen finden mit Sprüchen und Aphorismen

Jeder kennt sie – die kleinen Weisheiten des Alltages, die berühmten
Filmzitate oder die Zeile in einem Lied, die nachdenklich macht. Alle diese
Sprüche haben etwas gemeinsam: Sie treffen auf alle Menschen zu. Doch
jeder hat dazu eigenen Gedanken und versteht den Spruch anders.

Mithilfe populärer Sprüche aus Film, Musik, Wirtschaft, Philosophie, Politik,
Sport und Kultur können spannende Perspektiven eröffnet, neue
Lösungswege entstehen und persönliche Ressourcen ausgeschöpft werden.
Mal auf ernsthafte Weise, mal mit einem humorvollen Augenzwinkern –
Aphorismen sind eine kreative Methode für Beratung, Coaching und
Supervision.

Mit Kurzanleitung für die methodische Umsetzung.

Demnächst erhältlich unter: **www.*janhaukehahn.de***

Beratung . Coaching . Supervision

www.janhaukehahn.de